JN064017

恐竜の骨格標本。栃木県内では、まだ恐竜化石は見つかっていない（栃木県立博物館蔵）

上三川町多功南原遺跡で出土した旧石器時代の「礫群を構成する河原石」。
ここで火を焚き獲物を石焼きにしたと考えられている（栃木県教育委員会提供）

那珂川町三輪仲町遺跡から出土した縄文時代中期の土器群（栃木県教育委員会提供）

美しい姿を見せる下侍塚古墳（大田原市）

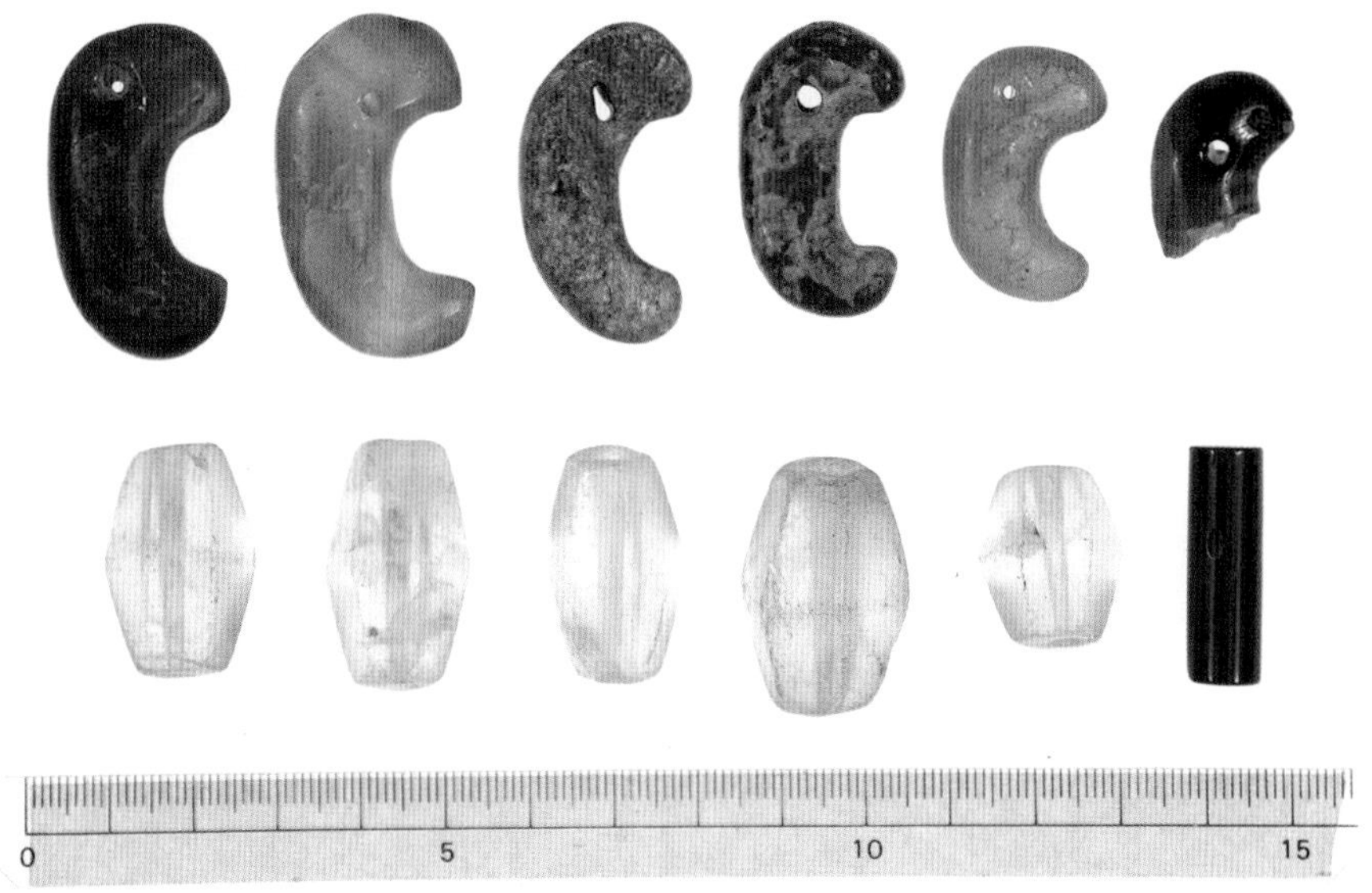

小山市寺野東遺跡33号墳から出土したカラフルな古墳時代の勾玉、切子玉、管玉
（栃木県教育委員会提供）

小山市の飯塚31号墳出土の人物埴輪（国史跡 摩利支天塚・琵琶塚古墳資料館蔵）

下野薬師寺の正面画像CG（下野市教育委員会提供）

聖地でもあった男体山（日光市）

復元されている下野国庁の一部（栃木市）

思川べりに建つ小山政光と妻の寒河尼像（小山市）

江戸時代に描かれた鎌倉時代の「鎌倉大評定」（栃木県立博物館蔵）

宇都宮二荒山神社（宇都宮市）

足利尊氏像（足利市）

足利学校跡（足利市）

日光東照宮陽明門（日光市）

城の一部が復元されている宇都宮城址公園（宇都宮市）

とちぎ日曜歴史館

―太古の海から歌麿まで―

読売新聞社宇都宮支局［編］

随想舎

まえがき

本書は、読売新聞栃木県版で2022年1月9日から2023年12月3日まで連載した「とちぎ日曜歴史館」と、随時掲載している「わが町歴史館」の2024年1月掲載分までを収録している。

このうち「とちぎ日曜歴史館」は、太古の昔から江戸時代までを通史で扱った。全国紙が都道府県の歴史を通史の形で連載するというのはなかなかできないが、たまたま栃木通信部の荒川隆史、大田原通信部の石塚格記者が本県出身であったため、興味を持って担当してくれた。新聞社らしく取材を通して歴史を描くことにし、毎回テーマに沿った県内外の専門家に登場していただき、解説、コメントをしていただいた。

連載は好評で、いずれ1冊の本にまとめて欲しいという読者からの要望が多く寄せられた。本紙掲載時は、紙面の制約があって1記事に写真1枚を原則としたが、書籍化にあたっては県内の自治体、資料館、博物館、寺社などの協力を得て、貴重な史料、文化財、美術品の写真を多数掲載した。この場を借りて、取材や書籍化に協力していただいた専門家、自治体、寺社関係者にお礼を申し上げたい。また、ほとんどは本紙掲載当時の記事だが、一部はよりベターな表現に変えている。

栃木県は2023年に150周年を迎えた。節目の年に本県の歴史をまとめ、本として出版できたことは幸いだった。出版していただいた随想舎に感謝したい。なお、連載は2記者の他、担当デスクとして戸丸由紀子、堀合英峰、岩崎拓が携わった。

2024年6月

読売新聞 前宇都宮支局長　金子尚敬

とちぎ日曜歴史館　目次

凡例

●本書は、読売新聞栃木県版（以下、「本紙」と略す）に連載された「とちぎ日曜歴史館」（2022年1月9日〜2023年12月3日）と随時掲載している「わが町歴史館」（〜2024年1月掲載分）を収録した。

●記載内容について、本紙掲載記事当時のままとしたが、書籍化にあたって一部表現を変えた部分がある。

●本文中で登場する関係者の肩書きと年齢、資料等を提供いただいた各種団体名は、取材および本紙掲載当時のものである。

●本書に登場する関係者の氏名について、旧字体表記の方もいるが、本紙掲載時の方針を踏襲し、新字体表記とした。

●巻末の「年表」は、本書に登場する歴史的出来事に関係する事項を掲載した。

●各項目末尾に記載のアルファベットは、以下の執筆担当者とした。

「A」＝荒川 隆史（読売新聞宇都宮支局栃木通信部）

「I」＝石塚 格（読売新聞宇都宮支局大田原通信部）

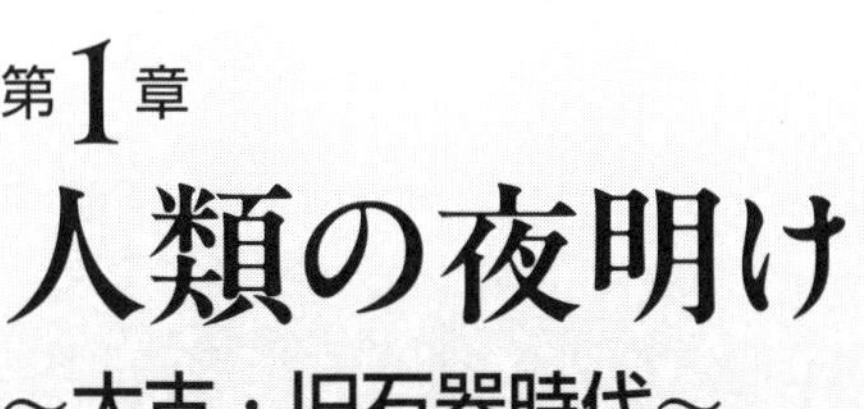

第1章 人類の夜明け

〜太古・旧石器時代〜

太古

栃木 海の時代

――石灰岩産出 将来、恐竜化石も？

「海なし県」の栃木県だが、人類が登場するずっと以前、海の中の時代があった。「証拠が県内各地で出てきます」と、県立博物館（宇都宮市）主任研究員の河野重範さん（40）は話す。

河野さんによると、最初の海の時代は3億年~2億5000万年前の古生代。佐野市葛生地区から栃木市の山間部で産出する石灰岩は、海の生物の殻などが堆積（たいせき）したものだ。サンゴの化石も見つかっており、「当時は赤道に近い暖かい地域の海の中にあったが、プレートの移動で今の場所へ動いてきたと考えられる」という。

2番目は、2億5000万年~1億4500万年前の中生代で、益子町と佐野市でアンモナイトが発見されている。3番目は1850万年~1700万年前、4番目が1500万年~950万年前で、いずれも新生代新第三紀。特に4番目の海の地層からは、多くの海の化石が見つかった。那須烏山市と宇都宮市はクジラ、宇都宮市の

オオガネクジラの化石（栃木県立博物館提供）

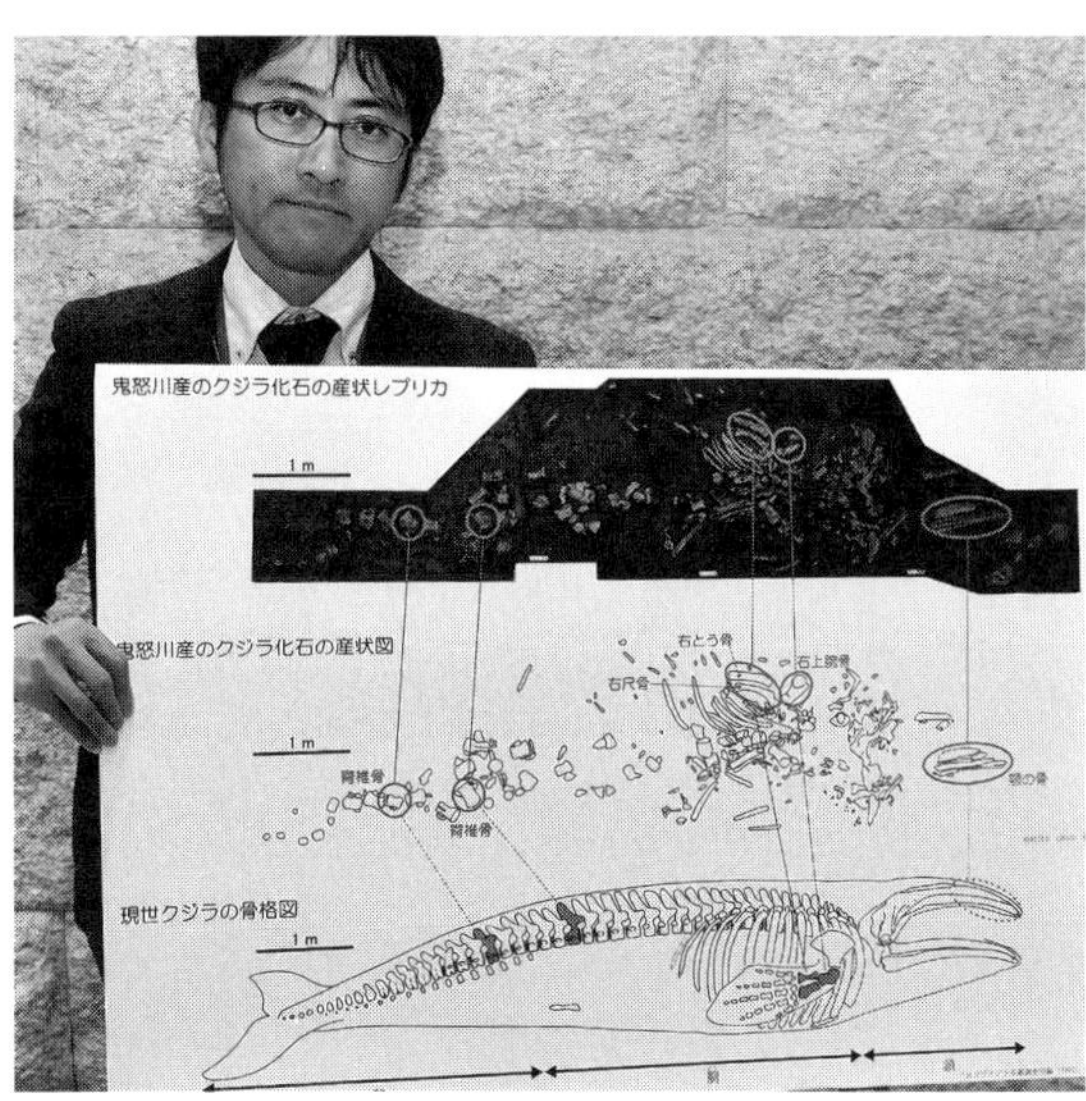

鬼怒川で見つかったクジラの化石を紹介する河野さん

県庁近くでは巨大なサメの歯の化石が発見された。

これら4度の海は、地表に出ていた地層の調査で分かった。ほかにも、地下深いボーリング調査で、12万5000年前の海の存在も明らかになっている。

海の中にあったことで、現代人は大きな恩恵を受けている。葛生地区などの石灰岩はコンクリートの原料となり、4度目の海の時に火山噴出物が海に沈んでできた凝灰岩は、「大谷石」として用いられている。

さて、化石といえば注目度が高

地質記録からみた栃木の海（河野さん作成）

地質年代		栃木県に存在する海の地層
新生代	第四紀	5番目の海（12万5000年前）
	新第三紀	4番目の海（1500万年～950万年前） 3番目の海（1850万年～1700万年前）
	古第三紀	
中生代	白亜紀	
	ジュラ紀	2番目の海（2億5000万年～1億4500万年前）
	三畳紀	
古生代	ペルム紀	最初の海（3億年～2億5000万年前）
	石炭紀 ～	

（灰色部分は陸地、または地層の欠失を示す）

アンモナイトの化石（佐野市葛生化石館提供）

いのは恐竜化石だが、残念ながら本県では見つかっていない。隣の群馬県では、1985年に国内最初の恐竜の足跡が発見され、骨も見つかった。茨城県では、恐竜時代に海に生息した爬虫類の仲間のモササウルス類の背骨が見つかっている。

「実は、恐竜が生息した約7000万年前の白亜紀後期の地層が、県内にも日光市内にあります。火山噴出物が堆積した地層で、条件は良くないのですが、将来、恐竜の化石が発見されるかもしれません」。河野さんは期待を膨らませた。

クジラの化石が発見された宇都宮市下岡本町の鬼怒川河川敷を訪ねた。一面に草が生え、現場が分からない。通りかかった地元男性（78）に聞くと、「あのへんだよ」と指さし、「よく釣りに行っていた辺りにクジラの骨があったらしい」と話してくれた。化石は、意外と身近なところに顔を出しているのかもしれない。（A）

クジラの化石が見つかった鬼怒川河川敷（宇都宮市）

旧石器

環状ブロック群

―複数集団 滞在の痕跡 佐野に環状ブロック群

佐野市の上林遺跡「環状ブロック群」の想像図（佐野市教育委員会提供）

日本列島には、いつから人類が登場したのだろう。国立科学博物館（東京都台東区）の篠田謙一館長によると、アフリカで約30万～20万年前に誕生した現生人類は、約6万年前頃にアフリカを出て世界各地へ拡散し、日本列島へは約4万年前にたどり着いたという。

大陸から渡ってきたルートは、北海道経由、対馬経由、沖縄経由などが考えられている。このうち北海道は当時、大陸と陸続きで歩いて来られたが、残るルートは海で隔てられていた。同博物館の研究グループは、舟を使ったと仮説を立て、2019年に丸木舟で台湾から与那国島まで約200キロの航海実験を行い、成功している。

この時代は旧石器時代と呼ばれ、縄文時代が始まる約1万6000年前まで続いた。今より気温が低く、日本列島の人々は、動物の毛皮を着て、石器を付けたやりを手に、小集団で動物を追って放浪していたとされてきた。

ところが、1980年代以降、旧石器時代初頭に大きな集団でキャンプしていたとみられる環状キャンプ跡（環状ブロック群）が、国内で100か所以上見つかった。集まった理由は大型動物の狩猟・解体、情報交換などが考えられているが、季節的な一時的滞在とする見方が多い。

佐野市南東部の台地で90年代に発掘された「上林（かみばやし）遺跡」では、今

ナウマンゾウなどの大型動物を獲物にしていた可能性がある（佐野市葛生化石館）

から3万2000年~3万年前の石器類が約80メートル×50メートルの範囲に分布する国内最大級の環状ブロック群が見つかった。当時、市教育委員会で調査にあたった佐野市民文化振興財団事務局長の出居博さん（62）により、出土した石器類は、地元の石材や石器を使っているグループと、遠方で採取された石を使っているグループに分けることができた。

　また、広範囲に散らばっていた3540点の石器類のうち、1105点には割れた断面が一致する接合関係があり、石器類の交換が行われていた可能性があるという。

　滞在していた人数は50~100人と考えられる。出居さんは「二つのグループが合流して大集団化し、人の交流や物と情報の交換などが行われた」と推察し、一時的な滞在ではなく、季節を越えて定住した可能性も指摘する。

　この時期は氷河時代の中でも比較的暖かく、上林遺跡の近くでは沼に水を求めて集まる動物を狩るだけでなく、木の実なども採取できたと考えられるという。出居さんは「食料の安定供給が、大集団を維持していたと考えられる」と話している。（A）

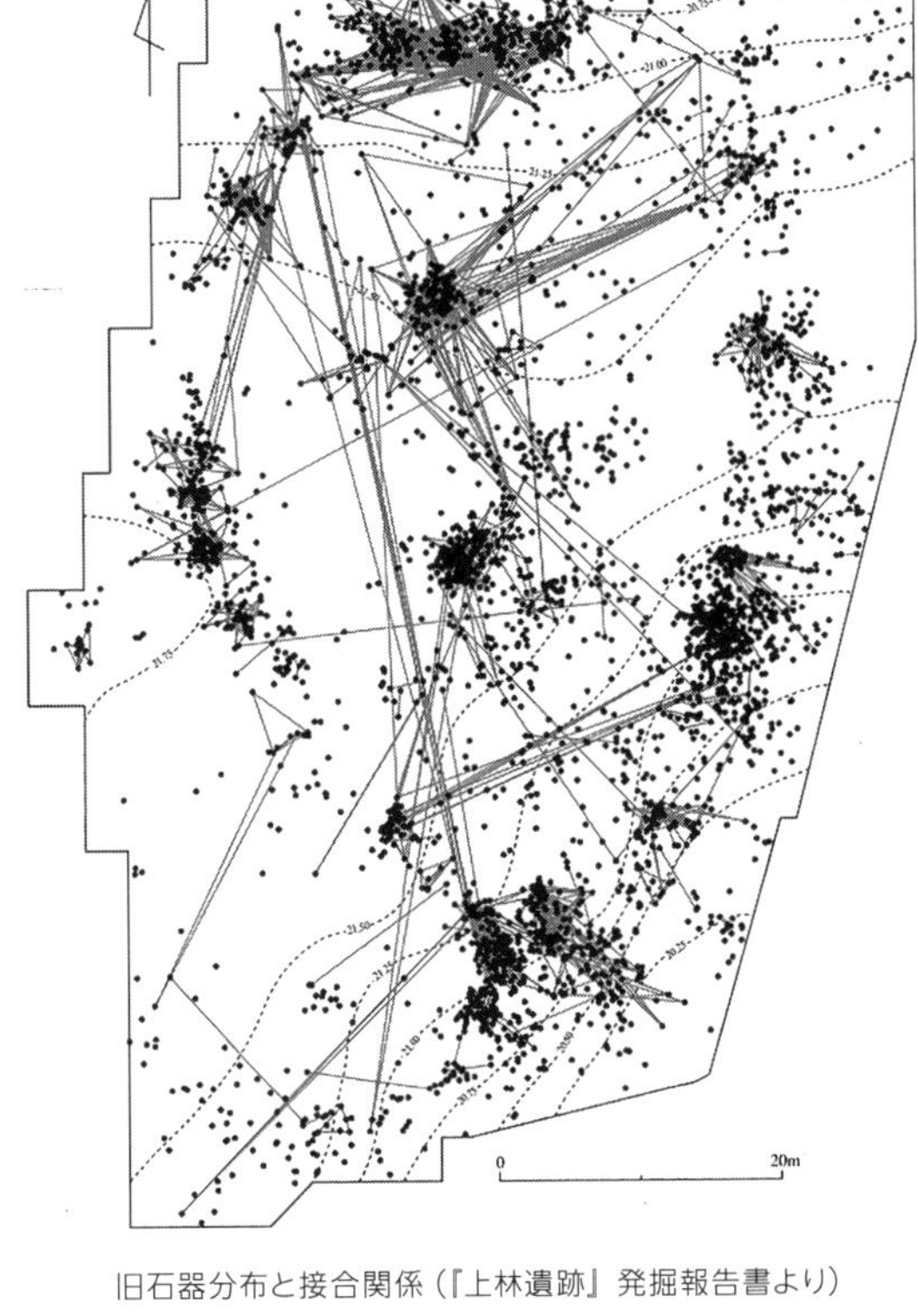

旧石器分布と接合関係（『上林遺跡』発掘報告書より）

旧石器

黒曜石

――光るブランド　高原山産　流通半径200キロ

旧石器時代の遺跡から出土する遺物は、県内だとほぼ100％、石器に限られる。火山灰の混じる酸性土壌の場所が多いため、石製品以外は溶けてしまうからだ。

旧石器時代の石器は、やり先やナイフ、皮なめし用の刃器など、主に「刺す、切る、削る」ための道具として使われた。石器の材料としては、県内では足尾山塊やその周辺に広がるチャート（珪質の堆積岩の一種）と、日光市と塩谷町、那須塩原市、矢板市にまたがる高原山の黒曜石が有名だ。

特に、ガラス質の火成岩である黒曜石は、黒光りし、割ると鋭い断面となり、きわめて切れ味が良く、人気があったようだ。黒曜石は産地によって内容物に特徴があるため、各地の遺跡から出土した黒曜石の石器類を分析すれば、同じ原産地の黒曜石が、どこまで流通していたかを知ることができる。

県埋蔵文化財センター元職員の芹沢清八さん（64）によると、高原山産の黒曜石の広まりは、県内

高原山（矢板市）

はもとより、関東を中心に半径約200キロの範囲に及び、その外側の静岡県三島市の遺跡でも見つかっている。

千葉県内の旧石器時代の遺跡では、高原山産の黒曜石や、宇都宮産とみられる石材、それに、それらを材料にして作られた石器が多数見つかっている。この時代のラ

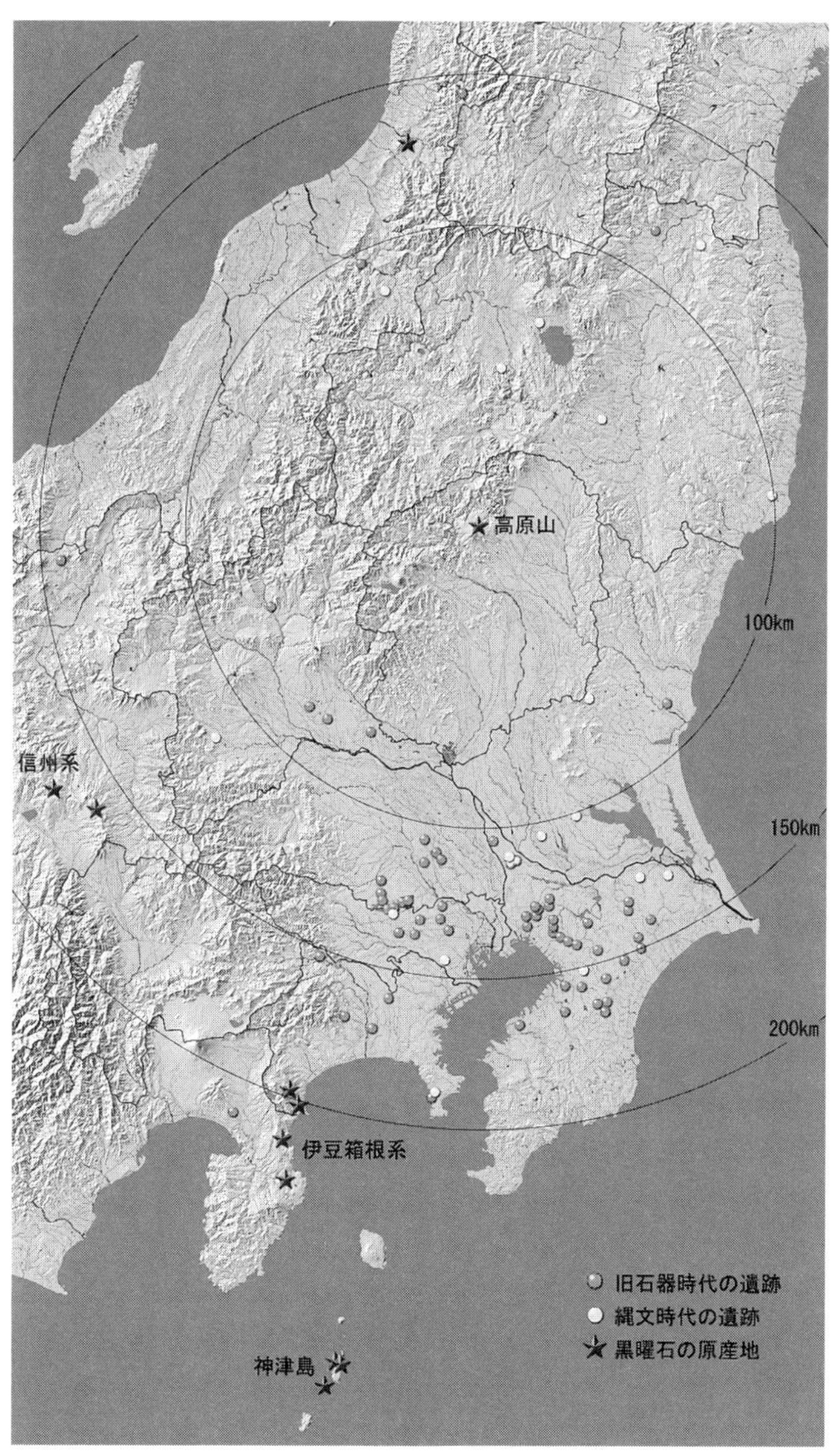

高原山の黒曜石を使った石器が発見された県外の遺跡（栃木県立博物館「平成19年度とちぎ石ものがたり―人と石の文化史―」図録より転載）

イフスタイルは、小集団で獲物の動物を追いながら移動を繰り返すとされている。栃木県と千葉県の間は下野―北総回廊と呼ばれる微高地で結ばれており、そこを行き来しながら動物を追い、栃木県内で石器を調達していた人々がいたと考えられている。

さいたま市の遺跡からは、石器を皮の袋に入れて移動したためか、こすれ合った跡が残る高原山産の黒曜石の半製品が見つかっている。

芹沢さんによると、旧石器時代初頭、黒曜石を求めて高原山に来た人々は、沢に落ちていた原石を拾うか、石器の素材となる「石刃（せきじん）」まで加工して持ち帰っていた。旧石器時代後期の2万～1万8000年前頃に発達するやり先の場合、刃をとがらせれば使える段階まで現地で加工していた。

芹沢さんは「一般的に、当時の人は狩りをしながら、そのルート上で石器を調達していたと思う。だから、時代が進むと、人々は重い石材を運ばないですむよう、現地で加工するようになったと考えられる」と話している。（A）

高原山産の黒曜石（矢板市教育委員会保管）

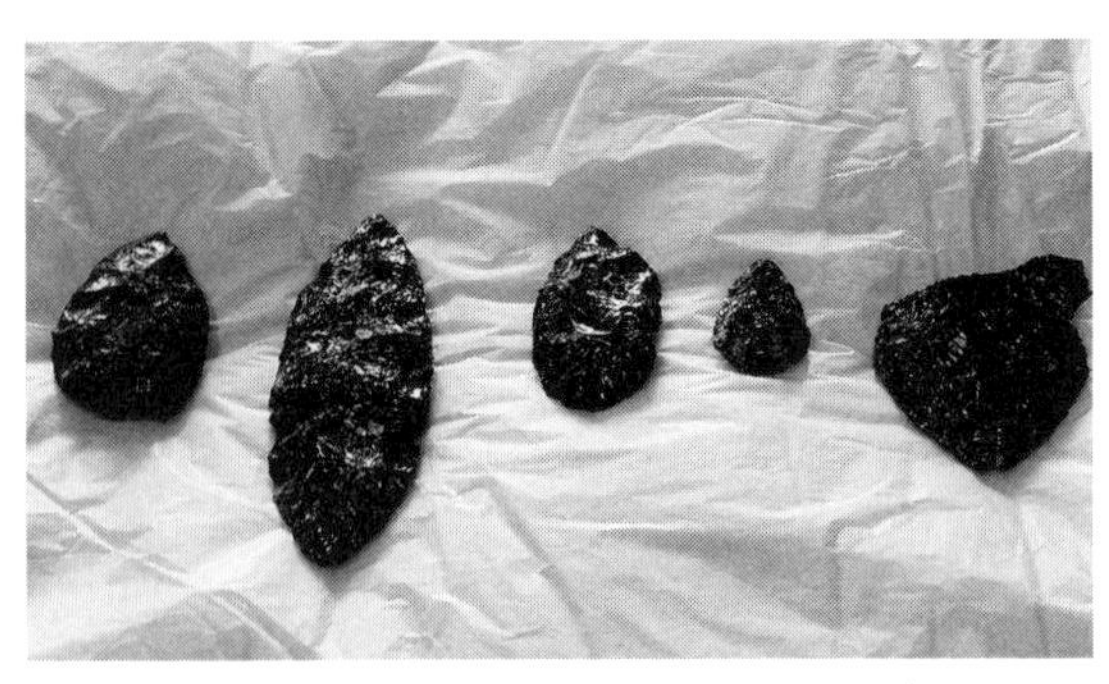

高原山の黒曜石でできたやり先（矢板市教育委員会保管）

旧石器

旧石器発掘ねつ造問題

——最古の石器　探究続く
栃木・星野遺跡の年代　過去に論争も

人類は、猿人、原人、旧人、そして現生人類の新人（ホモ・サピエンス）へと進化した。かつて明石原人、葛生原人など原人の骨とされたものは、その後否定され、国内最古の人骨は旧石器時代のものとされる。石器についても、2000年の毎日新聞のスクープで発覚した旧石器遺跡捏造問題をきっかけに、見直しが行われた。

捏造は、遺跡の発掘調査に携わっていたアマチュア考古学研究者の男性が、長年、事前に埋めていた石器を自ら掘り出し、発見したように見せかけていた。発見ごとに遺跡の年代はさかのぼり、約70万年前まで達した。捏造された遺跡は北海道から南関東に及び、宮城県の座散乱木遺跡が国の史跡を解除されるなど、男性が関与した遺跡の年代はすべて否定。県内でも、那須町の七曲遺跡の約4万5000年前とされた石器が取り消された。

日本旧石器学会会長の佐藤宏之・東大教授によると、現在、専門家のほぼ全員が認める国内最古の遺跡は約3万8000年前の後期旧石器時代まで。ただ、捏造問題に関係ない遺跡で、3万8000年前より古い可能性が議論されている遺跡もいくつかあるという。

実は、捏造問題以前にも、旧石器時代石器の年代で論争があった。その一つが栃木市の星野遺跡だ。斎藤恒民さん（故人）が古い旧石器時代の「亀の子型石核」に似た石を見つけたことをきっかけに、東北大の芹沢長介教授（故人）が1965年から78年まで調査し、約8万年前の石器が見つかったと発表した。

しかし、珪岩製石器とされた石は、別の専門家から、人が加工した「人工品」ではなく、自然状態の中でできた「破砕礫」ではないかとの見解が出された。結局、論争は行き詰まり、未解決のままとなった。

星野遺跡を訪ねると、斎藤さんが私費で建設した星野遺跡記念館がある。遺族から寄贈された後に栃木市が改修し、2021年に再オープンした。縄文、旧石器時代の石器などが展示され、館内の説明文には「人類が日本列島に到着したのは4万年より前か後かで論争が続いている現状の中で、星野遺跡が前・中期旧石器時代の遺跡と断言することは難しい」とあった。

子どもたちを集めた古代の体験教室（星野遺跡）

専門家の中には、4万年より前に、動物を追って日本列島に渡ってきた人々がいてもおかしくないと考える人は多い。列島の人類登場は、どこまでさかのぼれるのか。新たな研究成果を待ちたいと思う。

（A）

星野遺跡記念館（栃木市）

番外編

「葛生原人」の今

――幻の原人　地域に活気　「まつり」観光振興に一役

子供の頃に、旧葛生町（現・佐野市）で見つかった人骨について「葛生原人」と習った人は多いと思う。しかし、発見された骨は、原人の骨ではなかった。現地は今、どうなっているのだろう。

佐野市中心部から車で北上し、葛生地区に入る。国道293号沿いで、上半身裸の「ゲンさん」人形が出迎えてくれる。人形の下の看板には「ようこそ　原人のふるさと　くずう町へ」の文字もある。

「原人まつりを始めるときに、仲間の染物屋さんがデザインし、業者に作ってもらいました」。くずう原人まつり実行委員長の奥沢昇さん（71）が説明してくれた。

旧葛生町の石灰山から1950年以降、大腿骨などが相次いで発見された。当初は数十万年前の旧石器時代の化石人骨ではないかとされ、「原人の町」として有名になった。しかし、2001年、お茶の水女子大の研究グループが放射性炭素年代測定を行ったところ、縄文時代以降の人骨と結論づけられた。

葛生地区入り口では「ゲンさん」が迎えてくれる

骨が見つかった場所

奥沢さんたちが主催する原人まつりは、町おこし事業として1988年に始まった。初回は、東武鉄道が「原人列車」を走らせ、浅草駅で原人姿のメンバーが客を出迎え、葛生駅から客と一緒に町内をパレードした。会場では原人の格好を競うコンテスト、原人古代楽器コンサートなども開かれ、にぎわった。その後も毎年8月に開催され、恒例行事として定着した。

原人の存在が否定され、実行委員会は、原人まつりを続けるか協議した。「迷っている人もいた。でも、定着している祭りだし、全員一致で続けることにした」（奥沢さん）という。

葛生地区は、石灰岩の割れ目の堆積（たいせき）物から、数十万～数万年前の動物の骨が見つかる。2005年にオープンした「佐野市葛生化石館」では、発見されたナウマンゾウやヤベオオツノジカの骨を展示している。レプリカだが、「葛生原人」と言われた骨もあり、原人ではなかったことが明示されている。

学芸員の奥村よほ子さん（43）によると、今でも骨を見に来る客がいて「原人の骨でなかったのを知っている人と知らない人は半々ぐらい」という。

原人まつりは、20、21年は新型コロナウイルスの影響で中止となったが、22年は今のところ実施予定。奥沢さんは「本物の原人の骨が見つかればうれしいが、今は佐野市の3大祭りの一つになった。これからも続けたい」と話してくれた。（A）

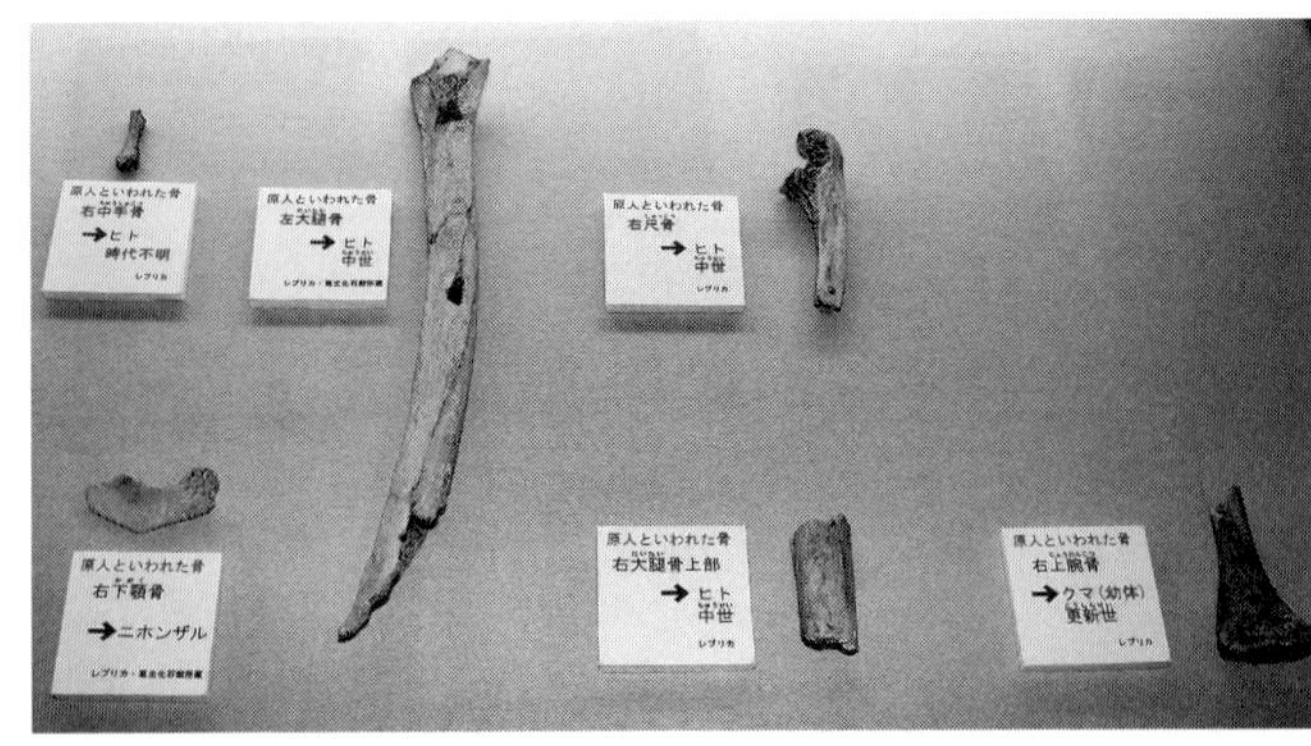

かつて葛生原人のものとされた骨のレプリカが展示されている（佐野市葛生化石館）

第2章
大集落と「地域」性の誕生
～縄文・弥生時代～

専門家座談会

「とちぎ」の原始・古代の特徴とは?

旧石器時代が終わり縄文時代になると、土器の登場で煮炊きができ、それまで食べられなかったものが食べられるようになった。次に米作りが広がったり、大陸から金属器が伝わったりして、飛鳥、奈良時代へとつながっていく。「とちぎ日曜歴史館」では、栃木県内の縄文時代から古代について、専門家の皆さんを招いて座談会を行った。いずれも県考古学会会長を務めた塙静夫さん(89)と橋本澄朗さん(76)、それに元県埋蔵文化財センター所長で大田原市なす風土記の丘湯津上資料館長の上野修一さん(65)の3人がその特徴を語り合ってくれた。(司会は上野さん)

上野　考古学を中心とした栃木県の原始・古代の特徴ということで話を進めたい。まずは縄文時代。根古谷台(ねごやだい)遺跡（宇都宮市上欠町）の発掘が、県内の縄文時代を考える上で大きなインパクトになった。

塙　見たことがない大型住居だった。それまでは住居跡が2、3軒出てくる程度だが、ここは大きな広場を囲んで大型住居跡があり、多くの墓地もあった。

橋本　大きくて、規格性のある建物群が並んでいたので驚いた。遺物もすごかった。小さくて、平等で、しかし貧しいという縄文観が根底から覆された。

上野　それなのに弥生時代になると大きな集落がぴたっとなくなり、遺跡数も減少する。稲作の痕跡もほとんどない。

橋本　土器に関して言えば、稲作が始まればコメを食べるための甕（かめ）が必要だが、ほとんどない。縄文時代と変わらないものを食べたと思う。

塙　土器から見ても、縄文の終わりから弥生にかけて東北の影響が強い。西日本の農耕文化とは違う。

橋本　栃木県の場合、稲作の西からの影響というのは2世紀後半から4世紀にかけて大きく動き出す。古墳時代前期に、本格的な稲作文化が定着した。

塙　弥生時代の遺跡は少ない。それに、墓は発掘できるがなぜか住居跡がほとんど出てこない。

橋本　縄文時代は墓を集落の中につくったが、弥生時代は、墓と住まいが分離したと考えるしかないのではないか。

上野　栃木県の弥生時代は、まさに謎だ。

上野　4世紀の古墳の出現は、西の方から来た人によるものだろうか。

橋本　古墳時代前期、社会が流

弥生 住居発掘少なく

塙静夫さん（89）
作新学院高等部（当時）で教える傍ら、考古学・古代史の研究を進めた。多くの遺跡発掘調査に従事し、本県の考古学研究のあり方や方向性を示した。『下野国の古代文化』など著作多数。

橋本澄朗さん（76）
県立高校教諭を経て県教育委員会で発掘調査を担当。県立博物館の設立に携わり、県埋蔵文化財センター調査部長、県文化財保護審議会長などを務めた。専門は古墳、奈良時代。

ヤマト王権 那須を重視か

動化し、新しく農地を求めて人が移動する。その中で、（大型の前方後方墳が出現した）那須には、畿内のヤマト王権の将軍に近い有力者が来たのではないか。那須は会津とともに地勢上、重要なところだった。しかし、5世紀には宮城県の方へ開発が及び、相対的に那須の重要性が低くなった。

上野　栃木県内では、前方後方墳のまま5世紀を迎えたわけではない。

橋本　墳形の転換があった。県内では、笹塚古墳（宇都宮市東谷町）が5世紀の畿内型古墳である大型前方後円墳だ。ヤマト王権が、ここを中心にやらせようと意図したのだろう。

上野　6世紀になると？

橋本　（栃木県は笹塚古墳に続いて大型前方後円墳が出現するが）畿内は大王以外は前方後円墳を造らなくなる。その枠外にいた東国は、喜んでいるなら（前方後円墳を）造らせておけばいいということだったと思う。

上野　下野国は東国を代表する仏教国になる。中央政府の高官になった下毛野古麻呂と下野薬師寺の関係をどう考えるか。

復元された縄文時代の根古谷台遺跡大規模建物（宇都宮市）

下野薬師寺跡（下野市）

上野修一さん（65）
県立高校教諭を経て県立博物館学芸員に。専門は縄文時代。県埋蔵文化財センター所長を退職した後、現職に。現在は東山道の発掘を進めている。県考古学会副会長。

下野　東国仏教の中心

橋本　7世紀に下野薬師寺を造るとき、（有力者の）古麻呂もいて、政治的な合意があって、将来的には（僧侶に戒を授けるための場所である）戒壇にするという意図があったのではないか。戒壇を設置するときは東国の中心にしますよ、ということだろう。

上野　天台宗との関係も考える必要がある。

橋本　当時、東国は蝦夷（えみし）との戦いで疲弊し、従来の寺では救いきれない状況だった。それに、いち早く目を付けたのが天台宗を開いた最澄で、東国での活動を重視した。その中心になったのが大慈寺（栃木市）。後に3代座主となる下野国出身の円仁などにとっては大きなことだった。

塙　県内では大慈寺の研究がなされていない。もっと調べる必要がある。

橋本　鑑真の直弟子道忠も重要。道忠はおそらく下野薬師寺の講師として来ていた。旧来の仏教では救えない状況があり、最澄に共鳴して大慈寺を中心に活躍したと考えている。

考古学の課題
地域の歴史　興味持って

上野　最後に、県内の考古学的な課題を話し合いたい。私は、弥生時代以降の生産基盤にかかわる低地遺跡、つまり水田、用水跡を掘っていないという点を指摘しておきたい。今後はしっかり調べるべきだ。

橋本　中央での出来事を教えるだけでなく、栃木県の歴史を教えることも大切だ。地域の歴史を県民が固有名詞で語れるようになってほしい。若者にも歴史に興味を持ってほしい。

塙　那須地方に多い前方後方墳という問題や、下毛野古麻呂という政権中枢にあった第一級の人物が下野で生まれ、大和地方の寺院に勝るとも劣らない下野薬師寺が県内にある。こういうことを分かりやすく整理し、小中学生に説明していくことが必要と思う。

円仁坐像（栃木市大慈寺蔵）

縄文

温暖化進行 大集落に

――宇都宮・根古谷台遺跡 墓や巨大建物跡

氷河期が続いた旧石器時代から、縄文時代が始まると徐々に温暖化が進んだ。人々は狩猟だけでなく、身近でクリや木の実などの植物を採集できるようになる。小集団で獲物を追う生活から、ムラを作って定住する生活様式に変わっていった。

縄文時代の初め、県内では、まだ大谷寺洞穴遺跡（宇都宮市大谷町）のように洞窟を利用した暮らしも見られたが、その後、穴を掘った上に草屋根を置いた竪穴住居を作るようになる。野沢遺跡（同市野沢町）では、県内最古とされる約1万2000年前の3棟の住居跡が見つかった。

温暖化が進むと大集落が誕生する。6000～5000年前の「根古谷台遺跡」（同市上欠町）は、1986、87年の発掘調査で、中心部の広場に300以上の墓、その周囲に73の建物跡が見つかった。この時期を代表する大集落跡で、現在は、4棟のかやぶき屋根の建物が復元されている。最大のものは、長さ23・3メートル、幅9・2メートル、高さ8・8メートルと巨大だ。

墓からは、大陸から伝わったとみられる石材を加工した耳飾りなど、国指定重要文化財の装身具類が見つかった。発見当時、県立博物館学芸員で発掘調査に協力した大田原市なす風土記の丘湯津上資料館の上野修一館長（65）は「耳飾りと一緒に埋葬された人物が、人々を束ねる立場だったのではないか。巨大建物跡からは石器、土器など生活用品の出土が少ないことから、祖先崇拝の祭りなどに関係した場所と思われる」と話す。

一方、遺跡内からは山形、福島、長野県産の石材やそれを使用した石器が見つかっており、幅広い交流範囲を持っていたこともうかがわせるという。

利活用に課題

同遺跡は、宇都宮市営霊園の造成工事の際に見つかった。当時の増山道保市長の英断で保護し、国指定史跡として公園整備された。当時、市文化財保護審議委員として遺跡の発掘調査や保存に関係した県考古学会顧問の塙静夫さん（89）は「全国的にも貴重な遺跡で、保存を優先した経緯を大切にしてほしい」と話す。

遺跡を訪ねると、再建された建物はかやぶき屋根などは傷みが激しい。当初は出入りできた内部は

根古谷台遺跡で国指定重要文化財の装身具類が発見された墓を示す上野館長

出土した耳飾り（宇都宮市教育委員会蔵）

出土した首飾り（宇都宮市教育委員会蔵）

立ち入り禁止となっている。同市教育委員会文化課では「修復が必要という認識はある。文化財の利活用という観点も踏まえ今後検討していく」と話す。遺跡には、開発と保全、そして保護という問題がつきまとう。私たちも、もっとこうした問題に目を向ける必要があるだろう。

（I）

根古谷台遺跡の全景

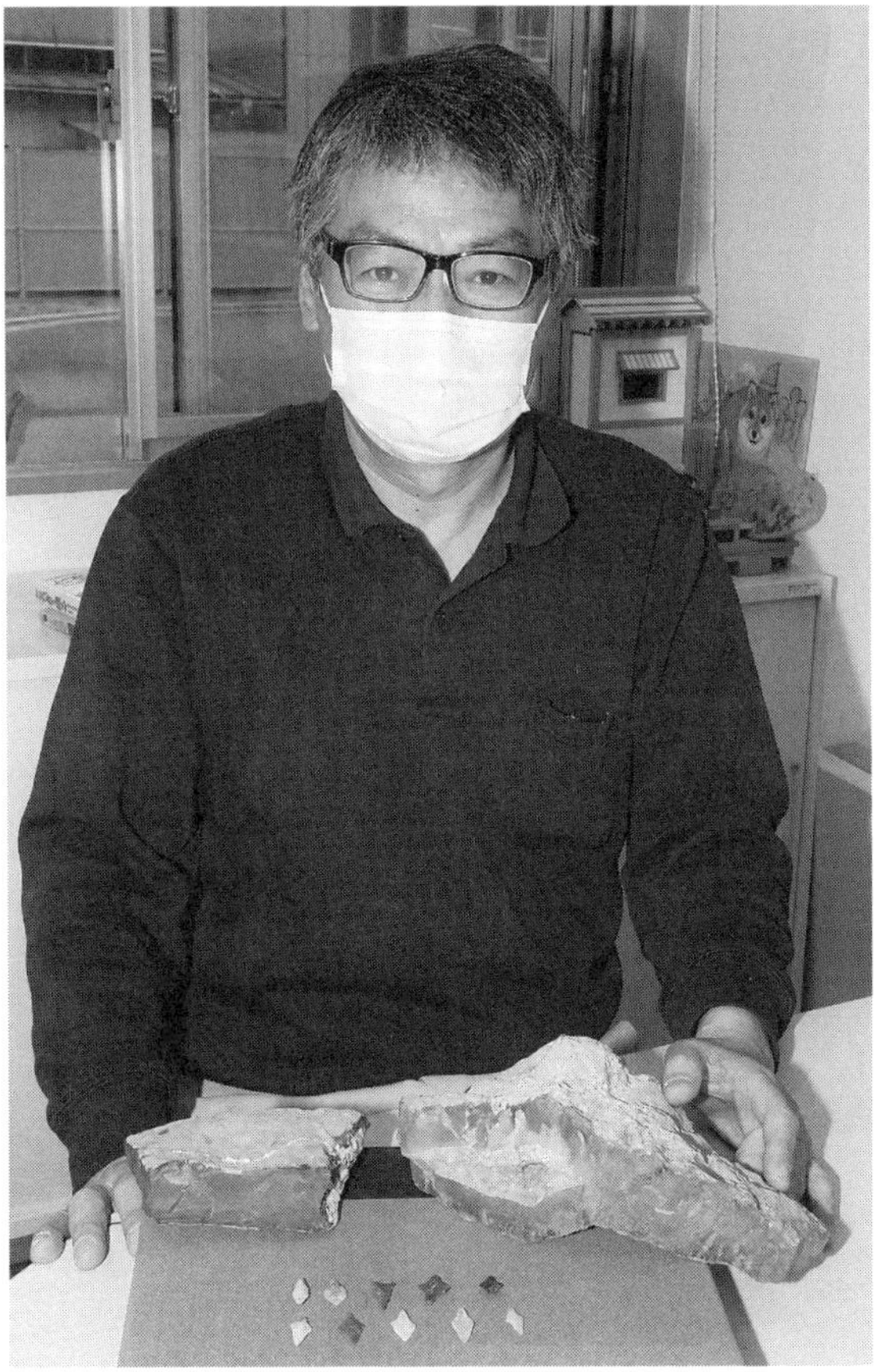

九石古宿遺跡で出土したメノウのやじりと原石を示す中村さん

縄文

弓矢や穴で狩猟発達

――茂木・九石古宿遺跡　メノウ加工　やじりに

縄文時代は、猟を行う道具として、やりに加えて弓矢も使われるようになる。矢の先には、黒曜石、チャート（珪質の堆積岩の一種）などを加工した「やじり」を取り付け、シカやウサギなどを捕った。

茂木町の九石古宿遺跡からは、赤や白の色鮮やかなメノウのやじりが出土した。1990年から91年にかけての発掘で、約5000～3000年前の竪穴住居7軒が見つかり、そのうちの1軒が全国的にも珍しいメノウを加工する工房跡だった。

発掘にあたった、同町教育委員会埋蔵文化財専門員の中村信博さん（59）は「茂木町から、隣接する茨城県常陸大宮市にかけてはメノウの岩脈がある。やじりにするにはチャートなどの方が簡単だが、美しい色へのこだわりがあったのではないか」と説明する。

中村さんによると、やじりを作るためには、原石を小さく割り、それを灰の中に入れて約300度で熱する。すると原石が美しく発色し、硬いガラス質に変化してやじりの材料になる。再現を試みたが、火加減が難しく、なかなか出土品のようにはならなかったという。

もう一つ、縄文人が猟に利用したのが、落とし穴だ。茂木町の登(と)谷(や)遺跡では、約1万2000年前の楕円(だえん)形の穴と約1万年前の溝状の穴の2種類が、95年から97年にかけての調査で見つかっている。こ

メノウを加工した石器（茂木町教育委員会蔵）

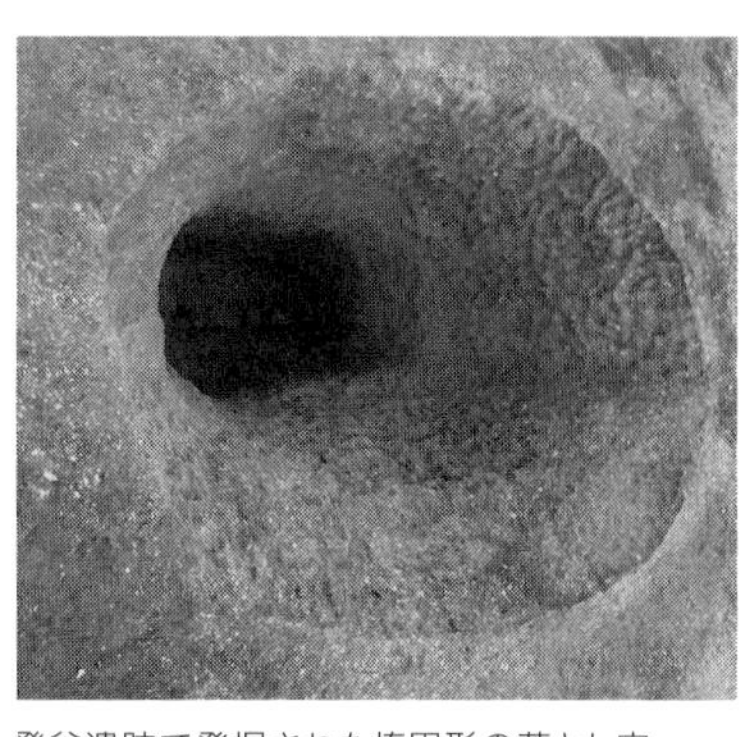
登谷遺跡で発掘された楕円形の落とし穴（茂木町教育委員会提供）

の遺跡は丘陵にあり、楕円形の穴は谷底に集中し、溝状の穴は尾根上にあった。

中村さんは、楕円形の穴について「獣道上に作り、イノシシを狙った。穴の底には（先のとがった木を上に向けた）逆茂木（さかもぎ）や、竹をささら状にしたものを置き、落ちると動けないようにした」と説明。

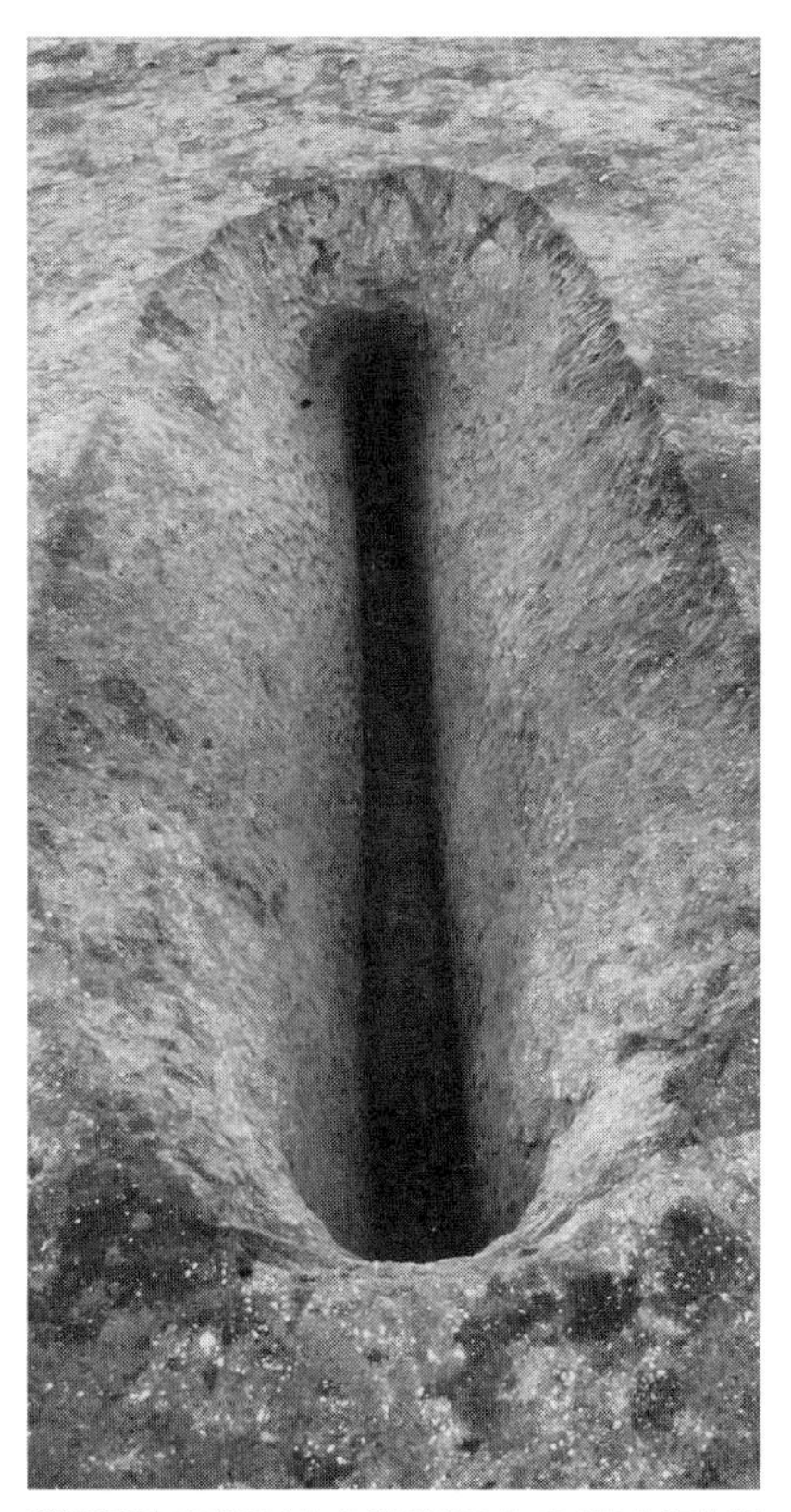
登谷遺跡で発掘された溝状落とし穴（茂木町教育委員会提供）

一方の溝状の穴はシカを狙ったもので、体が溝にはまって身動きができないようにした。

縄文時代の狩猟文化について実証的研究をしている静岡市の長谷川豊さん（69）によると、温暖化が進む縄文時代早期ごろからイノシシの生息範囲が広がり、遺跡から発見される骨がそれまで主だったシカと比重が同じになっていくという。「縄文人にとって肉はなくてはならない存在だったと思う。アフリカの狩猟民の中には『肉こそ本当の食料である』との言葉がある」と話す。狩猟に工夫を凝らした意味がみえる。（I）

木の実を粉にするための石皿の使い方を説明する塚本さん

縄文

食物多様化 調理も進化

――木の実「あく抜き」も

縄文時代は、食べ物の種類が広がり、調理方法も進化した。県埋蔵文化財センターの塚本師也・普及資料課長（60）は「食べ物は木の実を中心に植物主体となり、動物性たんぱく質は肉より魚が次第に多くなった」と説明する。

最終氷期が終わり、縄文時代に温暖化が進むと、対馬暖流が日本海に流入し、日本海から上がる水蒸気が日本列島に湿潤な気候をもたらした。列島に森林が広がり、落葉広葉樹でおおわれた栃木県では、秋にはクリやトチなどの恵みを得られるようになった。

木の実の調理方法も工夫され、土器で煮たり、粉にしたうえでクッキー状にしたりして食べたほか、あくの強い木の実を水にさらす「あく抜き」の技術も発達した。木の実は地面に穴を掘って保存した。

寒暖の時期を繰り返しながらも、約6500～6000年前になると、さらに温暖化が進んだ。氷が解けて「縄文海進」という現象が起き、県南近くまで海が広がった。現在の栃木市藤岡地区や野木町周辺では水域が汽水化した。人々がヤマトシジミを大量に食べ、貝殻を捨てたところに貝塚ができた。県内の複数の遺跡から、刺し網などに使ったとみられる石の重りが見つかっており、川では網を使った漁が行われたと考えられている。

茂木町の九石古宿遺跡からは、福島県いわき市でも見つかっている、マグロなど大型魚用の釣り針と同型の針が出土した。マグロを食べていた可能性もある。塚本課長は「国内では、フグも食べていたと言われている」と説明する。

縄文人は一年中、食べ物に困らなかったのか。塚本課長が考えた縄文時代の栃木県の食物カレンダーによると、秋は木の実やキノコに恵まれ、川を遡上してくるサケなども取れた。冬は貯蔵した木の実やジネンジョ、ナズナ、セリを

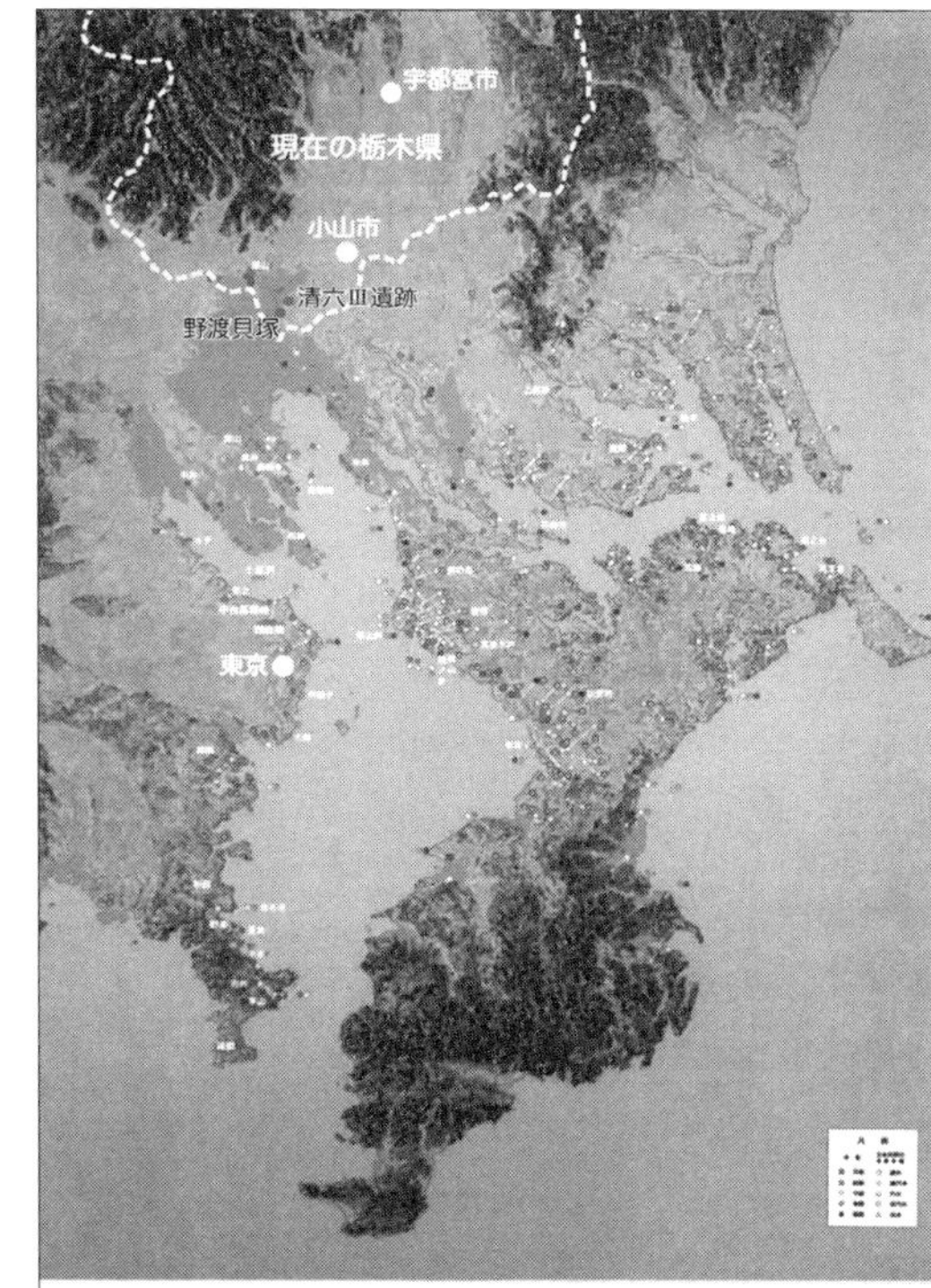

縄文海進の際の海岸線（想像図）

食べ、川魚のコイやフナ、シカやイノシシなど獲物が多かった。春は狩猟は減るが、川のウグイやサクラマス、植物はフキノトウやタラの芽、ワラビなどが食料になった。

じつは、夏は狩猟の獲物が減り、植物も食べられる種類が少なかった。塚本課長は「熊は夏に山の食べ物がなくなり里に出てくるが、人間も同じ。夏は魚ぐらいしか取れず、一番食料に困った時期だったろう」と話す。

食べ物の味付けは、塩やサンショウ程度だったようで、塚本課長は「よく縄文人はグルメと言われるが、現代人がおいしいと思う物とそうでない物と、両方を食べていたようだ」という。（A）

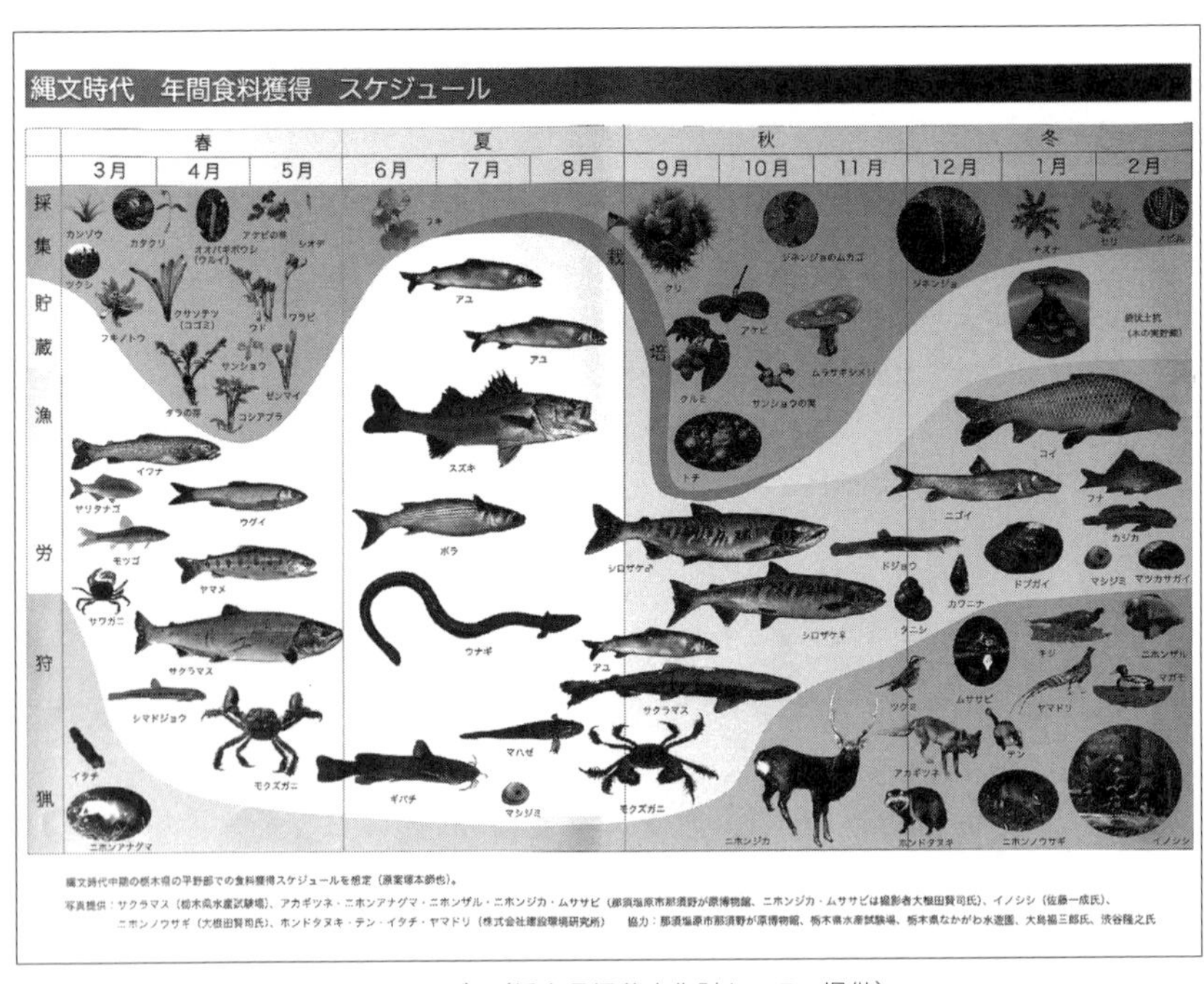

塚本さんが作った栃木県の食物カレンダー（栃木県埋蔵文化財センター提供）

縄文

土器文様 水系で特徴

―那珂川流域 北陸・関東系が混在

大田原市指定史跡の「平林真子遺跡」で出土した深鉢と、それをモデルにした縄文最中を手にする鈴木学芸員

縄文時代と前の時代との違いは、土器の出現だ。土器は最初、木の実などの煮炊きに利用され、後に保管容器や祭りの道具としても使われるようになる。各地で土器の文様は違い、発掘された土器を分析することで、縄文人の交流範囲を知る手がかりとなる。県内でも那珂川、鬼怒川、渡良瀬川と、水系ごとに異なる。

中でも、那珂川が流れる那須地方の土器は特徴的だ。口縁部から首の部分にかけて立派な取っ手が付き、横方向の「S」字紋が施された北陸系の特徴がある。一方、胴の部分には、関東系の特徴である縄文や縦方向の沈線文が施されている。

2020年、21年と那須地方の土器の全体像を振り返る展示会が、大田原市のなす風土記の丘湯津上資料館で行われた。約4500年前の遺跡から出土したものを中心に約215点が紹介された。

担当した鈴木志野学芸員（32）は那須の縄文土器について「（福島の）会津地方を通して伝わった北陸の影響と、関東の特徴が交じった『浄法寺類型』という土器が出土するのが特徴」と話す。

深鉢形土器（大田原市指定文化財）

そんな土器をモチーフにしたのが、大田原市山の手の和菓子店「御菓子司いづみ」が販売している「縄文最中（もなか）」（税込み140円）だ。約50年前、地元の郷土史家・高宮隆さん（1995年死去）が、自分が発掘した浄法寺類型の土器を当時の店主に示し、「郷土に誇れるもの」と相談したのが始まりだという。

県職員だった高宮さんは、考古学好きで自宅近くで土器などを採集していた。現在は市指定史跡の平林真子遺跡では、1955年頃、耕地整備に伴って土器が次々に出土した。しかし、そのまま廃棄される状況を見て、高宮さんは家族の協力を得て発掘保存活動をしたという。発掘品の一部は市指定文化財となっている。

高宮さんは、機会あるごとに市

内で土器の貴重さを説明した。高宮さんと出会い、東京都内の大学生を中心とした栃木県考古学研究会の機関誌で那須地方の土器を紹介したのが、元日本考古学協会事務局長の青木義脩さん（79）だ。

大田原市出身の青木さんは、「大学進学で上京したが、那須地方から個性ある完成度の高い土器が出土しているのに、東京などでは知られていなかった」と振り返る。青木さんは那須の縄文土器について「那須野が原は日本でも最大級の複合扇状地で湧水点が多い。そのそばに遺跡が多いことを踏まえて、出土した土器をさらに研究していくことが必要だ」と話している。

（I）

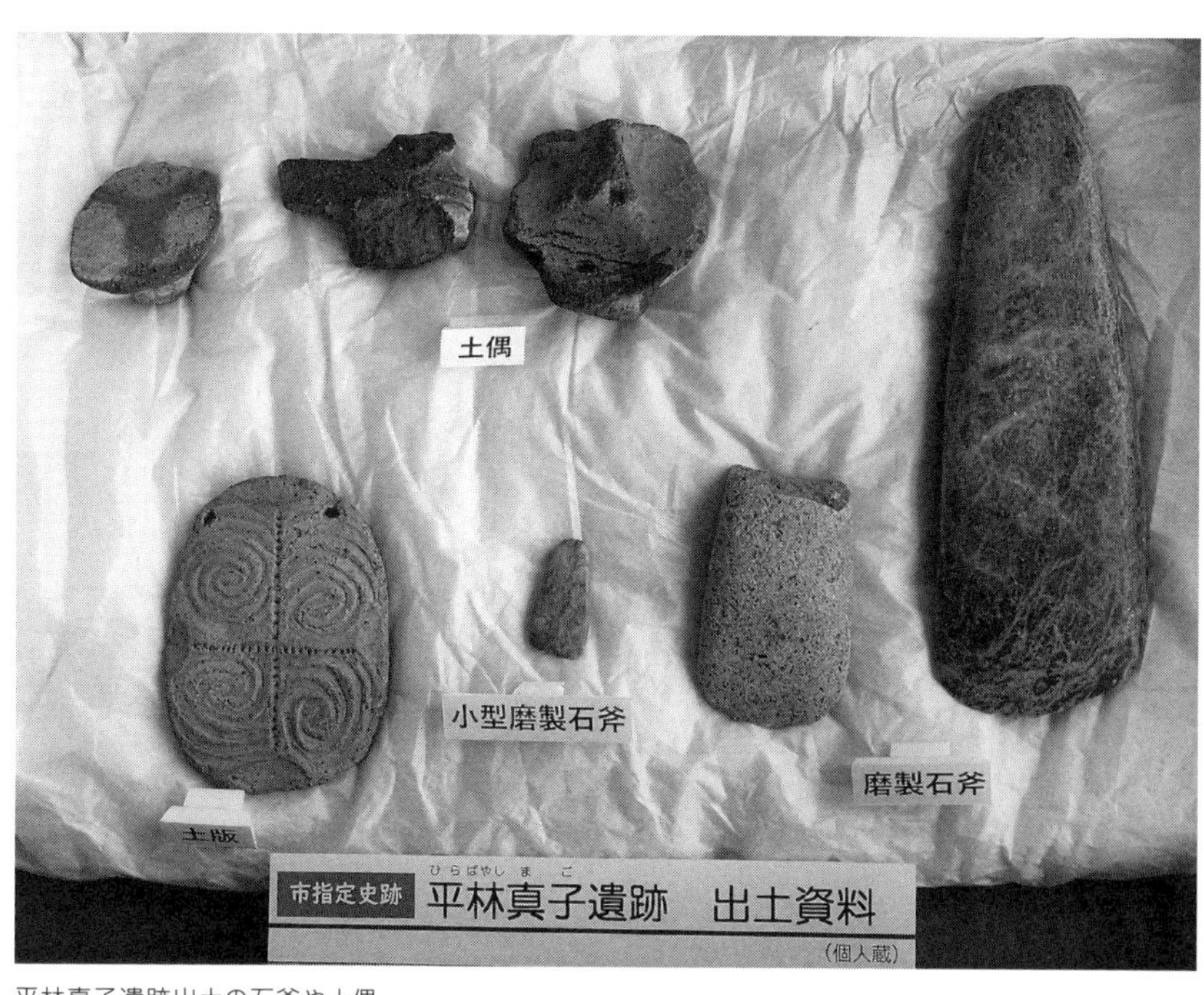

平林真子遺跡出土の石斧や土偶

縄文

謎多い多彩な出土品

――ミミズク土偶や「イヌ形」も

栃木市後藤遺跡で出土したミミズク土偶（栃木県立博物館蔵）

「縄文の美」と言われるが、全国の縄文時代の出土品の中から、6点が「国宝」に指定されているのをご存じだろうか。火焔（かえん）型土器（新潟県）以外の5点は全て土偶で、これらには「縄文のビーナス」「仮面の女神」（いずれも長野県）、「縄文の女神」（山形県）など、魅力的な愛称が付けられている。

土偶は、胸部や腹部の表現から、妊娠した女性をイメージしていると言われる。用途としては出産や豊穣（ほうじょう）に関わる儀式などに使われたという説があるが、謎も多い。

県内では、栃木市の後藤遺跡の土偶が有名で、100点以上見つかった。破片や体の一部が欠けた状態がほとんどだったが、縄文時代晩期のほぼ完全な形の「ミミズク土偶」（高さ12・8センチ）が出土している。ミミズク土偶は、関東地方を中心に作られ、目と口に円形の粘土板を貼り付けて表現しているのが特徴。顔が鳥のミミズクに似ていることからこの名が付いた。

土偶に詳しい大田原市なす風土記の丘湯津上資料館の上野修一館長（65）によると、土偶は後藤遺跡のような大きな遺跡から発見されることが多く、「おそらく1年に1個程度が作られ、近くの集落からも人が集まるような特別な日に、シャーマン（呪術者）が使ったのではないか」と想像する。

ちなみに、このミミズク土偶は

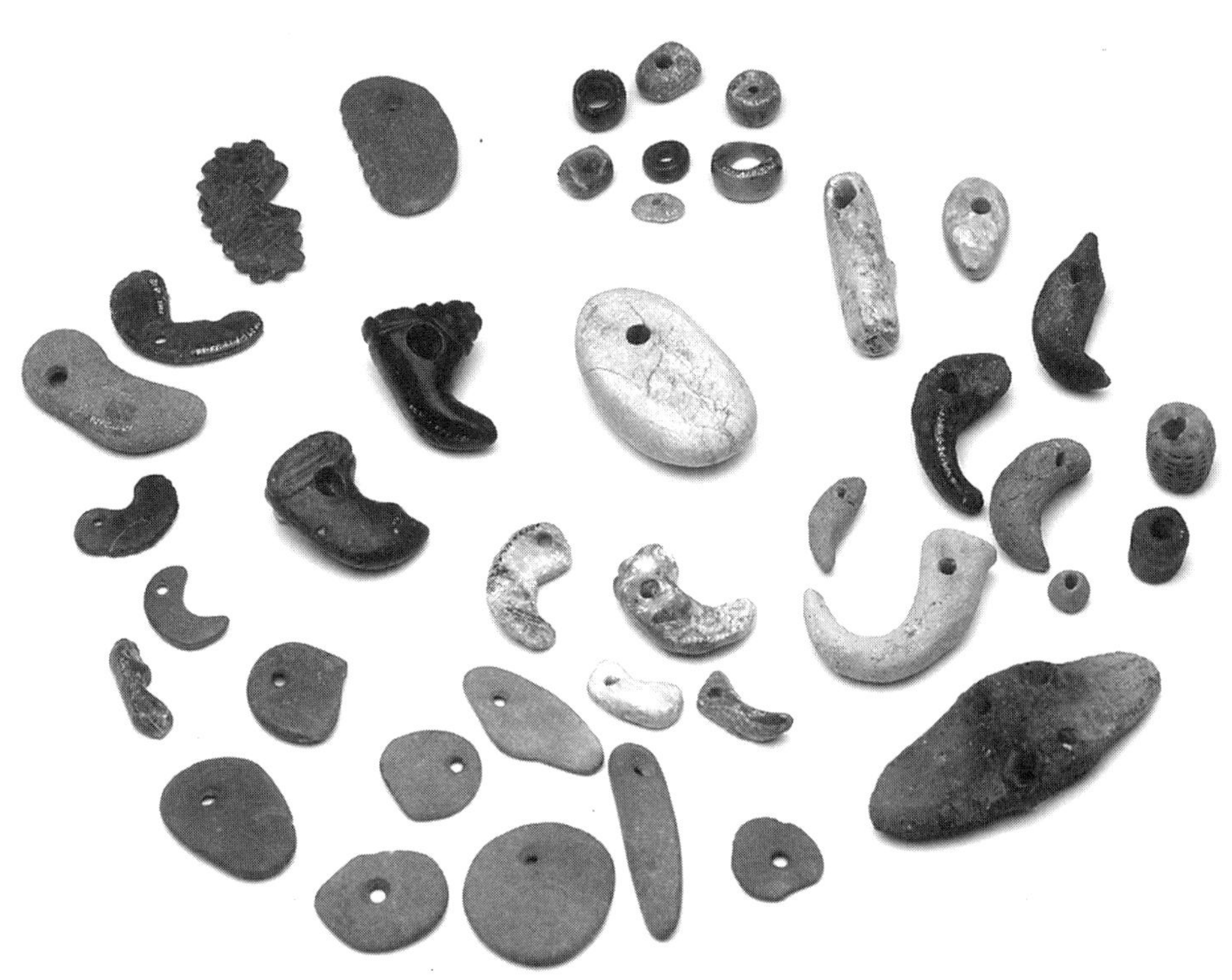

栃木市藤岡神社遺跡出土の垂飾品（栃木市教育委員会提供）

県立博物館のキャラクター「みーたん」のモデルとなっている。みーたんは、全国の博物館の人気キャラクターを選ぶ「ミュージアムキャラクターアワード2020」で4位に入った人気者だ。

縄文時代の遺跡からは、衣食住以外の物として、首飾り、耳飾り、櫛（くし）、腕輪など様々な装身具が出土している。首飾りの材料は、貴重なヒスイなどの石、骨や角、粘土を焼いた物があり、腕輪も貝で作られた貝輪や、こうした貝輪をまねて作られた土製の物がある。

上野さんは「縄文時代の装身具は、当時の抜歯の風習と同じように、成人の証しとして身に着けたのだろう。貴重な材料でできた品々は、リーダーやシャーマンが着けたと考えられ、ムラの中での役割を表すとも言えるだろう」と話す。

腕輪を付けた様子
（那須烏山市荻ノ平遺跡、栃木県教育委員会提供）

他にも、栃木市の藤岡神社遺跡からイヌ形土製品、後藤遺跡からイノシシ形土製品が出土している。イヌは狩猟の供として大切に扱われており、イノシシは狩りの対象と同時に多産の象徴だったと考えられている。縄文の出土品は実に多彩で、興味深い。（A）

栃木市藤岡神社
遺跡出土のイヌ形土製品
（栃木市教育委員会提供）

弥生

栃木県には水田稲作伝わらず？

――小集落化　合う生業選択か

弥生時代になると、社会に大きな変化が起きた。その一つが水田稲作の導入だ。

米は蓄えることができるため、その多さによって貧富の差が生まれた。また、田植えや稲刈りなどの共同作業が必要な水田稲作では、統率する首長が現れた。田んぼへの引水などを巡ってムラ同士の争いも起き、ムラを堀で囲む環濠（かんごう）集落が出現した。

ムラは戦ったり、協力したりしながら、やがてクニとなり、邪馬台国の卑弥呼のようにクニ同士の連合を統率する人物も現れた。

水田稲作の始まりは諸説あるが、国立歴史民俗博物館（千葉県佐倉市）は、紀元前10世紀ごろに大陸から北九州に伝わったとする。その後、東に広がり、小林青樹・奈良大教授（55）によると、関東には紀元前２５０年頃に神奈川県小田原市へ、紀元前後までに埼玉、群馬、千葉県の一部などへ広がった。しかし、栃木県内ではこの時代、本格的な水田稲作が伝わった形跡がない。

県埋蔵文化財センターの藤田典夫副所長（64）は「調査しているが水田跡は出土していない。土器に付いた米の痕跡（圧痕）は見つかるので、米は作っていたと思われるが、水田を必要としない陸稲栽培で、他にアワ、キビなど雑穀が主だったのかもしれない」と話す。鉄の農耕具や環濠集落跡も見つかっておらず、藤田副所長は「使用した石器類から見ると、縄文時代と同様、狩猟や採集も行っていたと考えられる」という。

弥生時代の土器を説明する藤田さん

本県に住む人々は、水田稲作に消極的だったのだろうか。小林教授は「縄文系の人々が弥生文化を受け入れるのに時間がかかった。背景には、押し寄せてくる革新的な文化の波から伝統文化を守りたいという『縄文の壁』があったと考えている」と話す。

また、紀元前800～700年頃に気候が寒くなり、集落を維持するため東日本の集落は小規模化し、人口も減少した。移動性が高く、陸稲中心の生活だった。水田稲作は、低地での水路の掘削や耕地の開発などを共同で行うため、小林教授は「こうした小規模集団は簡単に踏み切れなかった。関東では、特に利根川以東の人々が、その傾向が強かったと思われる」という。

県内では大陸から伝わった、糸を紡ぐ道具の紡錘車（ぼうすい）は多数出土する。藤田副所長は「機織りも主要な生業（なりわい）の一つだったと想像できる。水田がないから弥生時代の栃木県は遅れていた、というより、ムラの規模や人数に見合った生業を選択していた、それが本県の特徴だったのではないか」と話している。

（A）

土器の底に残る布痕（宇都宮市山崎北遺跡、栃木県教育委員会提供）土器をつくる際に布を下敷きとしたため、その痕が残った

粳痕のついた土器
（壬生町御新田遺跡、栃木県教育委員会提供）

紡錘車（鹿沼市稲荷塚遺跡、栃木県教育委員会提供）

耳飾り（栃木市後藤遺跡出土、栃木県立博物館蔵）

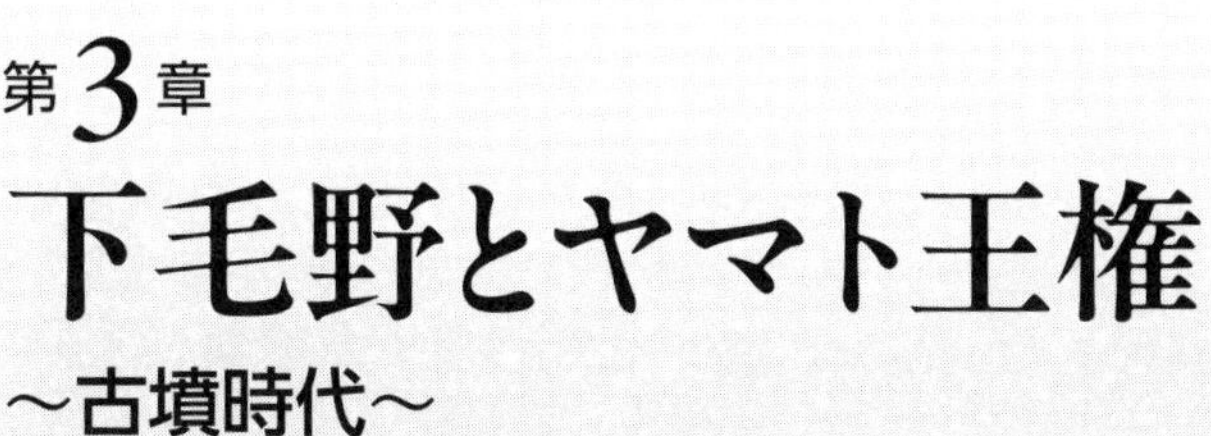

第3章

下毛野とヤマト王権

～古墳時代～

古墳

那須に前方後方墳が出現

――未開の地　王一族ら集団移住

2、3世紀に社会が流動化した影響で、3世紀には、縄文時代の生活を色濃く残す県内に他地域の人々が流入する。「それは、土器の動きで証明できます」と宇都宮市教育委員会文化課主幹の今平利幸さん（58）は話す。

今平さんによると、南からは南関東系、東海系の土器が入り、東からは十王台式と呼ばれる土器が那珂川をさかのぼって流入する。北からは東北南部系の土器も入ってきた。新たな人々の流入の結果、3世紀後半から本格的な水田稲作が始まったようだ。発掘調査で出土する住居跡も増え、人口も大きく増加したと考えられる。

首長クラスも現れた。渡良瀬川流域や、宇都宮から小山にかけた田川・姿川流域、小貝川流域、那珂川の流れる那須流域などに前方後方墳が出現する。まさに、急ピッチで栃木県の歴史が進んだ。

特徴的な発展を見せたのが那須地域だった。弥生時代後期の遺跡がほとんどなかったのに、3世紀後半から4世紀にかけて、那珂川支流の権津川流域に駒形大塚古墳など三つの前方後方墳が出現。4世紀には、6キロ北の那珂川沿いに100メートル級の上侍塚古墳など三つの前方後方墳が現れた。

これらの古墳からは鉄製品など豊富な副葬品が出土し、中国鏡が3面も見つかった。ところが、それ以降、しばらく首長墓は姿を消し、6世紀後半になるまで古墳は築かれない。

これは、何を意味するのか。国立歴史民俗博物館（千葉県佐倉市）の広瀬和雄名誉教授（74）は「前方後円墳ではなく前方後方墳だったのは、中央政権の位置づけがワンランク低い」としたうえで、「未

発掘作業中の上侍塚古墳（大田原市、2022年2月）

那珂川右岸に4世紀中頃造られた那須八幡塚古墳（那珂川町教育委員会提供）

開の地に、他の地域の首長がかなりの人数を統率して移住し、開発した。あわせて那珂川の舟運管理を掌握し、その後、首長はお役御免となったのだろう。中央政権の意図が働いていたのは間違いない」と説明する。

上侍塚古墳（大田原市）を訪れると、県埋蔵文化財センターが県の委託を受けて一部を発掘調査中だった。この古墳は当時、全体が石ぶきで、那珂川から見る姿は、さぞ立派だっただろう。

開発を担った王一族は、どこから来たのか、そしてその後の行方は……。古墳の前で、しばし、思いを巡らせた。（A）

中国製画文帯四獣鏡
（駒形大塚古墳、那珂川町教育委員会提供）

古墳

栃木県南で前方後円墳が発達

——6世紀後半 徐々に小さく

5世紀は、ヤマト王権が力を伸ばした時期とされる。朝鮮半島や大陸との関係が深まり、渡来人が現れたり、倭(わ)の五王が宋に朝貢したりした。古墳では、日本最大の大仙陵古墳(墳丘長525メートル)が大阪府堺市に出現した時期に当たる。

県内では、それまで盛んに造られた前方後方墳はなくなり、5世紀前期、県内初の本格的な畿内型古墳といわれる笹塚古墳(宇都宮市)が築かれた。畿内の大王の墓の特色である3段造り、埴輪(はにわ)、葺(ふ)き石、二重の周溝を持つ、墳丘長105メートルの前方後円墳だ。近くでは豪族の居館跡や大規模な集落跡が見つかり、当時、この地域の中心だったと考えられる。

県埋蔵文化財センターの内山敏行さん(56)は「ここの王が中央政権と強い関係を持っていたのは間違いない」と話す。

居館周辺では鉄製品を作る鍛冶屋の作業場が確認され、農工具を製作、修理していたほか、首長層から依頼されて装飾的な製品を作っていた可能性もある。朝鮮半島南部の加耶地域からもたらされた陶質土器も出土した。また、近くの松の塚古墳の周溝では県内最古級の馬具も見つかった。鉄と馬は朝鮮半島由来だから、渡来系遺物がこの地域に集中していたことになる。

古墳時代の馬具の出土は東国が多く、群馬県で約400、県内では約120か所ある。群馬県と同様、県内でも馬を飼育していたという。

5世紀末から6世紀前半になると、墳丘長が100メートルを超える前方後円墳は、小山市北部の思川東側に出現する。県内3番目

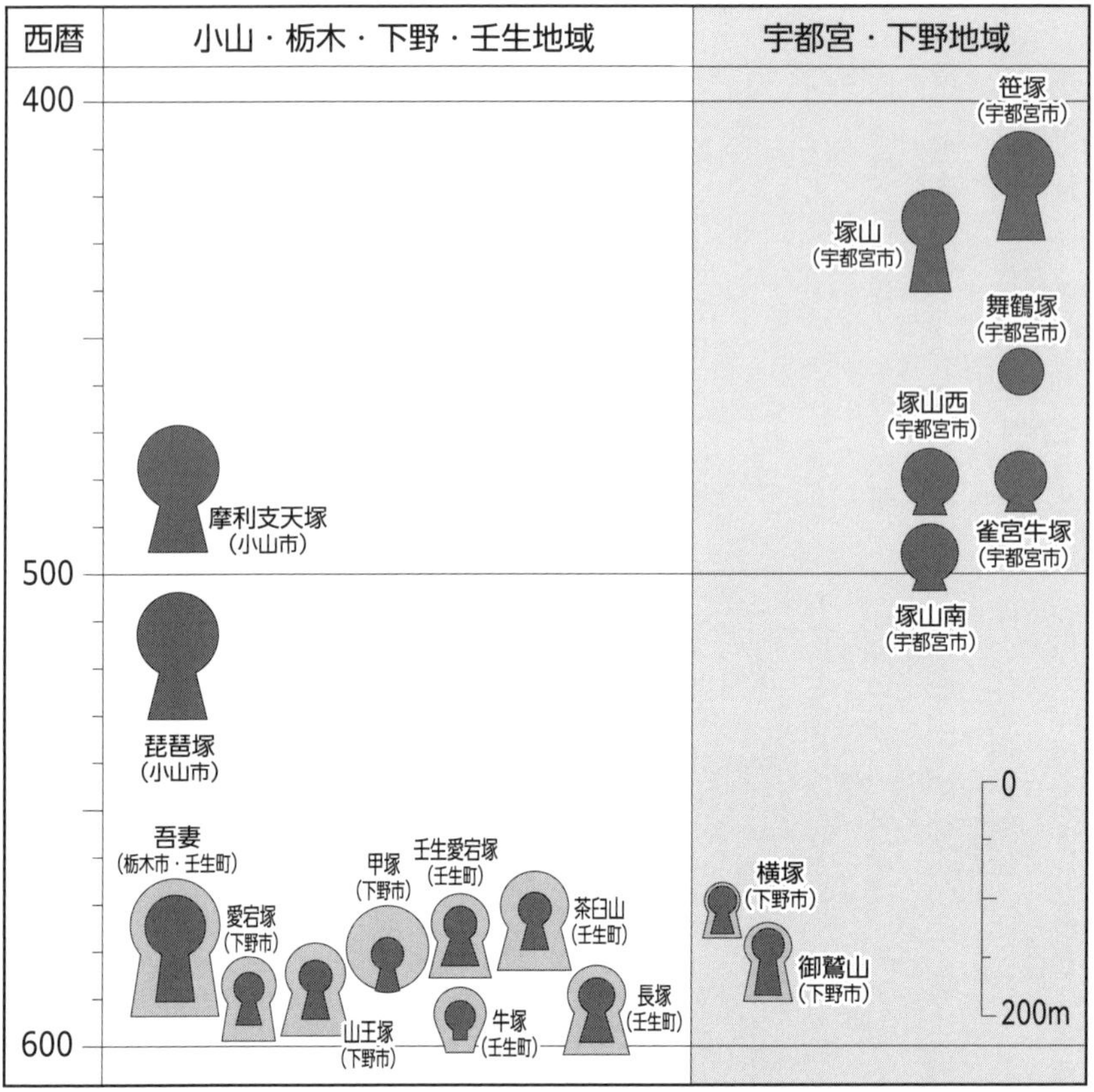

西暦 | 小山・栃木・下野・壬生地域 | 宇都宮・下野地域

400
500
600

笹塚（宇都宮市）
塚山（宇都宮市）
舞鶴塚（宇都宮市）
塚山西（宇都宮市）
雀宮牛塚（宇都宮市）
塚山南（宇都宮市）
摩利支天塚（小山市）
琵琶塚（小山市）
吾妻（栃木市・壬生町）
愛宕塚（下野市）
山王塚（下野市）
甲塚（下野市）
壬生愛宕塚（壬生町）
牛塚（壬生町）
茶臼山（壬生町）
長塚（壬生町）
横塚（下野市）
御鷲山（下野市）
0
200m

笹塚古墳から下野型古墳に至る主な古墳（1段目があるのが下野型古墳）

上空から撮影した塚山古墳群（宇都宮市教育委員会提供）

の摩利支天塚古墳（115メートル）と2番目の琵琶塚古墳（124メートル）だ。地域の王とみられる墓が宇都宮市から南に移ったことについて、「同一系譜が造墓地を変えた」「王は輪番制だった」「中央政権とつながりを持つ新興勢力

県内2番目の墳丘長を持つ琵琶塚古墳（小山市、2022年4月撮影）

が現れた」などの説があるが、はっきりしない。

6世紀後半から7世紀には、県内最大127メートルの吾妻古墳（栃木市・壬生町）など、前方部に石室を持つ栃木県独特の「下野型古墳」が思川、姿川流域に出現する。この時期は古墳の数は増えるが、規模は徐々に小さくなる。「明らかに築造者のランクが下がった」と内山さん。

その理由について、国立歴史民俗博物館名誉教授の広瀬和雄さん（74）は「中央政権による東国支配の網の目が細かくなり、より物資と労働力を収奪する政策になった。背景には、朝鮮半島の新羅に対する外交と防衛があり、東国は補給基地の役割を負わせられたと考えられる」と推論している。

（A）

摩利支天塚古墳出土の人物埴輪
「頭の上にツボを載せた女性」
（小山市教育委員会提供）

毛野国

「下毛野」生まれた経緯とは？

――背景に内陸輸送路の整備？

その昔、毛野という大きな国があり、下毛野と上毛野に分かれた。それが栃木県と群馬県のもとになった――。そう理解している県民は多い。

しかし、考古学から見た場合は少し違うらしい。群馬県立歴史博物館（高崎市）特別館長の右島和夫さん（73）は「結論から言うと、後の上毛野と下毛野をあわせたような毛野国の存在には、考古学者では否定的な見解が多い」と話す。

栃木県埋蔵文化財センター職員の内山敏行さん（56）も、そう考える一人。県内は弥生時代、人口が少なく、社会が流動化した3世紀になって他地域から人々が流入した。流入は、南や東からは多かったが、群馬県側からは少ない。古墳や出土品などからも、群馬県側とのつながりがあると考えられるのは県南西部までというのが、最近の見方だ。

また、古墳時代を通じ、群馬県は栃木県に比べて大型古墳がはるかに多く、中央政権とのつながりが強かった。内山さんは「中央政権のある畿内から見れば、群馬県を中心とした一帯が『毛野国』という認識だったのではないか。ただし、当時すでに『毛野国』とい

摩利支天塚古墳（小山市、2024年4月撮影）

5世紀後半から6世紀前半に築造された群馬県高崎市の保渡田古墳群。八幡塚古墳は復元され、散策が楽しめる

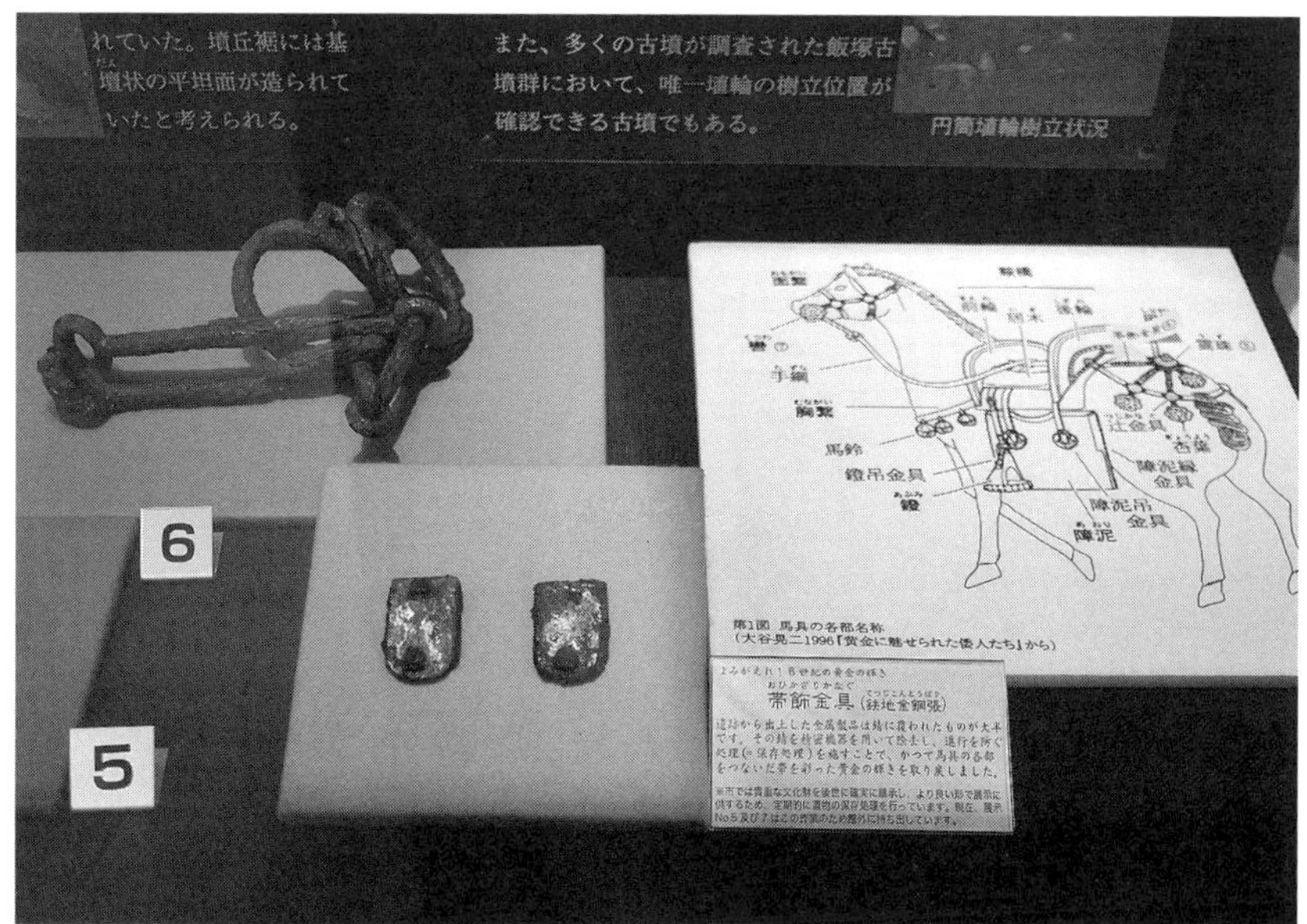

飯塚44号墳から出土した馬具（小山市国史跡 摩利支天塚・琵琶塚古墳資料館蔵）

う名称があったかどうか分からないが」と話す。

では、下毛野は、どのようにして誕生したか。栃木県中南部の大型古墳を、おさらいしてみよう。5世紀前半の笹塚古墳（宇都宮市）が、この地域の王の古墳とされる。その後、墳丘長が100メートルを超える王の墓は南に移り、5世紀末から6世紀前半、小山市北部の思川東岸に県内3位の墳丘長を持つ摩利支天塚古墳と同2位の琵琶塚古墳が出現、6世紀後半、県内最大の吾妻古墳（栃木市・壬生町）が築造される。

右島さんは、大型古墳が県南に移ったことに注目、「この時代に栃木県南部に強い政治勢力が生まれ、地域統合が進んだ。この新興勢力を、従来の群馬県域を中心とした勢力と区別するため、いつからか分からないが中央に近い地域を上毛野、遠い地域を下毛野と呼ぶようになったのだろう」とする。そして、その背景には「内陸輸送路の整備が進んだことがあった」という。

5世紀前半、朝鮮半島から馬が導入され、群馬、長野県内で急速に飼育が行われるようになった。それまで、国内の物資の輸送は舟運が主だったが、馬の出現で内陸部では道路による輸送が発達する。

群馬、栃木県を通る古代道路は、律令時代に整備された東山道が知られるが、当時も古東山道と言えるような道があったと考えられる。下野市、小山市北部周辺はその古東山道の要衝地で、中央政権にとっても重要拠点となった――と右島さんは推察する。

こうして誕生した下毛野は、後に那須を併せて下毛野国となったとされる。　（A）

甲塚古墳出土の馬形埴輪（下野市立しもつけ風土記の丘資料館蔵）

毛野国

豊城入彦命がつくった国

――日本書紀に「下毛野氏の始祖」

奈良時代に編さんされた『日本書紀』には、日本武尊より古い時代の話として、栃木県にゆかりのある人物、豊城入彦命が登場する。豊城命は第10代崇神天皇の皇子で、初めて東国統治を行い、上毛野、下毛野氏の始祖になったとされている。

母親は、紀伊国（和歌山県）の荒河戸畔の娘とされ、古事記によると荒河戸畔は「木（紀伊）国造」とあることから、母方一族は紀伊の地方豪族だった。

日本書紀によると、崇神天皇には皇后との間に、活目尊（後の垂仁天皇）がおり、崇神天皇は後継者を決めるため2人の夢を占った。そして、御諸山（三輪山）の頂上で縄を四方に引き渡し、粟を食べる雀を追い払った夢を見た活目尊は、四方に気を配ったとして皇太子に。御諸山に登って東に向かい、八度やりを突き出し、八度刀を空に振った夢を見たという武勇優れる豊城命には、東国を治めさせることにしたという。

普通に考えれば、後継者は皇后との間に生まれた皇子、活目尊と思えるが、なぜ、こんなエピソードが挿入されたのだろう。県立博物館主任研究員の山本享史さん（39）は「豊城命の東国統治が、天皇の即位と並ぶ重要なことであると強調するためだったのではないか」と説明する。

豊城命の子孫の業績として、『日本書紀』では、孫の彦狭島王が「東山道十五国都督」に任命され、ひ孫の御諸別王も東国統治を命じられ、善政を行ったとする。御諸別王の記述の最後には「其の子孫、今も東国に有り」と、豊城命から続く一族（上毛野、下毛野氏など）が今も東国統治を続けていると説明している。

豊城入彦命を御祭神とする宇都宮二荒山神社（宇都宮市）

飯塚35号墳出土の形象埴輪の盾持ち（小山市国史跡 摩利支天塚·琵琶塚古墳資料館蔵）

山本さんは「『日本書紀』の編さん当時、中央政権が東北の蝦夷と戦うために東国を重要視した。そして、当時、実際に東国統治を行っていた豊城命系一族の正統性を示したと考えられる」とする。

「毛野」の由来は、肥沃な地を表した「御食」が地名になった、毛が草木・五穀を意味した、蝦夷を「毛人」と記したから――という説のほかに、豊城命の母方の出身地「紀の国」の「きの」が変化したという説もある。

現在の栃木県の県庁所在地・宇都宮市にある二荒山神社は、豊城命を御祭神とし、社伝によると、豊城命の子孫の奈良別王の創建とされている。（A）

地方の権力者の物？ 小山市の桑57号墳出土の天冠（小山市立博物館提供）

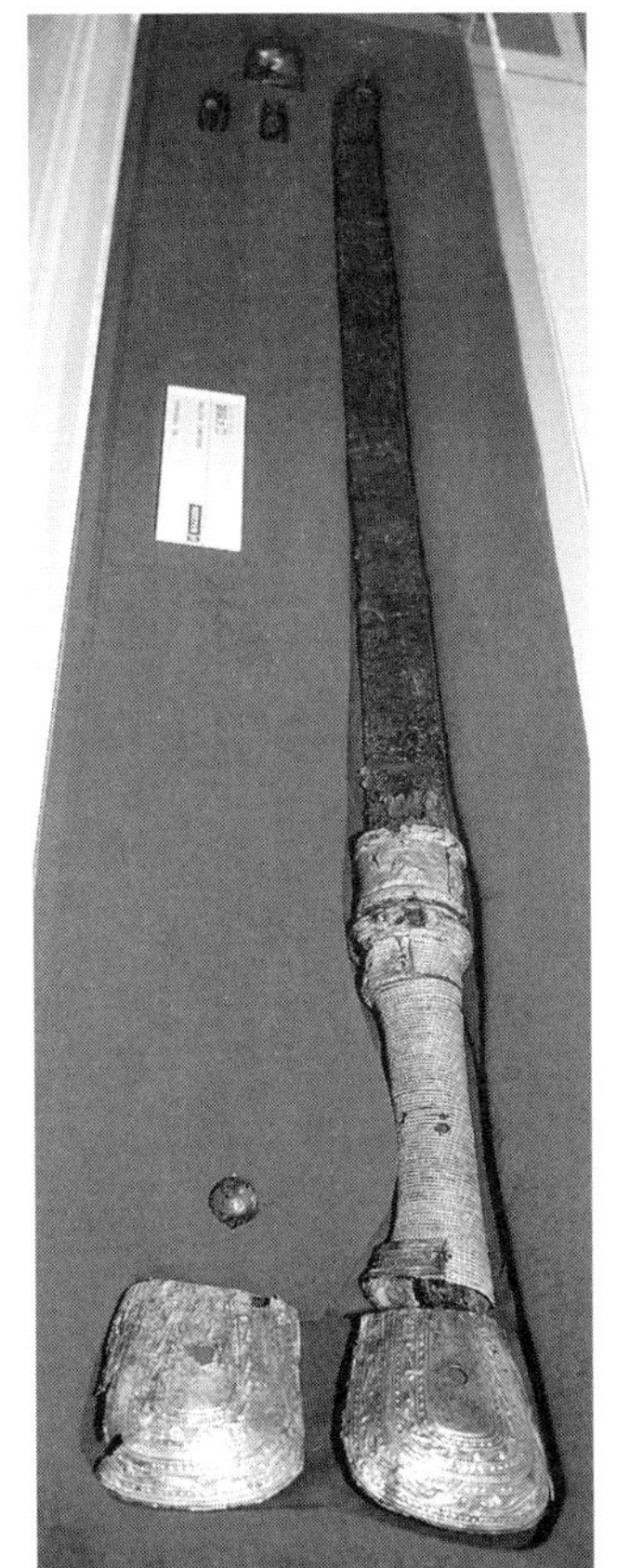
地方の権力者の物？ 別処山古墳石室内出土遺物の銀装大刀（下野市立しもつけ風土記の丘資料館蔵）

古墳散歩

県北・県央編

下侍塚古墳（大田原市湯津上）
日本一の美しさ

「いちばん美しい古墳を一つえらべといわれたら即座に下侍塚と答えよう」。古代史の研究で有名な森浩一同志社大名誉教授が1964年に現地を訪れ、こう著書に記した。

下侍塚古墳は、那珂川流域の国指定史跡・侍塚古墳（大田原市湯津上）の一つ。同古墳と那須小川古墳群（那珂川町小川・吉田）は3世紀後半から4世紀にかけて造られた関東地方で最も古い時期の古墳で、前方後方墳が特徴だ。

1692年、水戸藩第2代藩主だった徳川光圀の命で発掘が行われ、出土品は記録されて埋め戻された。その際、墳丘の崩れていた部分などは整備され、マツが植えられた。森氏は美しさの理由として、付近の人たちによって墳丘の手入れが行き届いていることを挙げた。今でも侍塚古墳松守会がマツの害虫駆除などの保護活動を続けている。

県は5年計画で発掘作業を進めており、昨年度の調査で光圀の復

日本で一番美しい古墳といわれた下侍塚古墳（大田原市）

元作業の一端がわかった。同会の平野精一会長（82）は「先祖が守ってきたものがしっかり残っているか、確認したい」と結果を心待ちにする。

近くには国宝・那須国造碑（なすのくにのみやつこのひ）の現物模型を展示する大田原市なす風土記の丘湯津上資料館があり、ここに駐車できる。

塚山古墳（宇都宮市西川田町）
ツツジ咲く墳丘

宇都宮市西川田の県総合運動公園の南側に、前方後円墳の県指定史跡・塚山古墳がある。5世紀後半から6世紀初頭にかけてこの地域を支配した一族の墓と考えられている。墳丘にはツツジが植えられ、花の時期には、見た目も美しい。

ここから南東約5キロに、全長約105メートル、県内の中期古墳を代表する前方後円墳の県指定史跡・笹塚古墳（宇都宮市東谷町）がある。「両古墳から出土する埴輪（はにわ）などから見ると、深い関係があった」。県埋蔵文化財センターの内山敏行調査課副主幹（56）はそう話す。

塚山古墳へは県総合運動公園の有料駐車場を利用。

長岡百穴古墳（宇都宮市長岡町）
丘陵掘り横穴墓

県内の横穴墓は古墳時代終末期の7世紀を中心に築かれたと推定される。古墳の横穴式石室を模して、凝灰岩や砂岩といった比較的軟らかい岩石の丘陵を掘り抜いて造られた。地域的には那珂川と、荒川、小貝川とその支流に造られている。

例外的に田川流域に造られたのが、県指定史跡・長岡百穴古墳（宇都宮市長岡町）だ。凝灰岩の丘陵に東西2群に分かれて、ほぼ3段に計52基の穴があり、全て南側に開口している。中には扉石をはめ込んだ切れ込みが残っているものもある。横穴の中には、室町時代に彫り込まれた仏像がある。

駐車場は道路を挟んで向かいにある。（I）

宇都宮市を代表する塚山古墳

古墳時代終末期の横穴墓、長岡百穴古墳（宇都宮市）

古墳散歩

県南編

琵琶塚古墳（小山市飯塚）
当時は黄金色？

横から見ると、楽器の琵琶を思わせることから、この名が付いたという。6世紀前半の築造で、墳丘長124・8メートルと県内2番目の大きさ。石ぶきはされておらず、上部は鹿沼土が多く、当時は黄金色に輝いて見えたと想像されている。取材時は菜の花が満開で、家族連れが遊びに来ていた。

すぐ南側には、5世紀末に造られた県内3番目の摩利支天塚古墳（115・8メートル）がある。樹木でおおわれ、頂上には摩利支天社がある。古墳の大きさなどから強い権力を持った王の墓とみられ、この王以降、県中南部が下毛野と呼ばれるようになったとの説がある。

近くに小山市の「国史跡 摩利支天塚・琵琶塚古墳資料館」があり、頭にツボを載せた女性や、琴弾きの男子の埴輪（はにわ）など、両古墳や近くの飯塚古墳群の出土品が見られる。

菜の花に囲まれたように見える琵琶塚古墳（小山市、2022年4月撮影）

足利公園古墳群（足利市緑町）

丘陵の桜の名所

歌手の森高千里さんが歌った「渡良瀬橋」から西へ1キロ、「八雲神社」に隣接する丘陵にある。公園内には、6世紀後半の円墳9基と前方後円墳1基がある。適度な坂道で、桜の名所として知られ、若者グループ、親子連れが訪れる。

1886（明治19）年、坪井正五郎博士によって、日本人による初の古墳の近代的な発掘調査が行われたことでも知られている。栃木県には、徳川光圀が発掘調査を命じた侍塚古墳（大田原市湯津上）があり、江戸時代に天皇のお墓（山陵）を調べ、「前方後円墳」との名称を考えた儒学者・蒲生君平（がもうくんぺい）が宇都宮市出身など、古墳の調査とは縁がある。

足利公園古墳群（足利市）

機織形埴輪（下野市）

国内初の出土

下野市立しもつけ風土記の丘資料館（下野市国分寺）には、国内初の出土例となる機織形埴輪が展示されている。

6世紀後半に築造された近くの甲塚（かぶとづか）古墳から出土したもので、古墳の被葬者は、機織りに関わっていた可能性が考えられている。

家形埴輪（壬生町）

人の背丈ほど

壬生町立歴史民俗資料館（壬生町本丸）には、人の背丈もある大きな家形埴輪がある。町内の富士山（ふじやま）古墳（羽生田）から出土したもので、入り母屋造りの家が高さ168センチ、12本の円柱を持つ家が同159センチ。入り母屋の家は被葬者の生前の家、円柱の家は祭殿を表しているとも考えられている。（A）

甲塚古墳で出土した国内初の出土例となる機織形埴輪（下野市立しもつけ風土記の丘資料館蔵）

壬生町富士山古墳で出土した、人の背丈もある家形埴輪（壬生町立歴史民俗資料館蔵）

甲塚古墳出土馬形埴輪（小川忠博氏撮影、下野市教育委員会提供）

第4章

下野国と律令体制

～飛鳥・奈良時代～

飛鳥・奈良

那須国造碑　中央集権への道

——既存の豪族　勢力主張か

国宝・那須国造碑の説明をする伊藤宮司

古墳時代から飛鳥時代にかけて、ヤマト王権は各地の有力豪族を国造（くにのみやつこ）に任命し、地域の支配権を保障する代わりに、物資や労働力などの徴収により間接的に地方を支配した。その後、国造のクニを分割・再編しながら評（こおり）を置いたとされ、県内にも、そのことを伝える石碑が大田原市湯津上の笠石神社に残されている。

「那須国造碑（なすのくにのみやつこのひ）」と呼ばれる石碑は、高さ約１４８センチ、花こう岩に19文字8行、全１５２文字が刻まれている。書道史の上では「日本三古碑」の一つとされ、国宝に指定されている。

碑の内容を要約すると、永昌元年（６８９年）に中央政権から那須国造であった那須直韋提が評督に任命され、700年に亡くなった。後継者の意斯麻呂らが碑を建ててしのんだ——と書かれている。

評とは、大宝律令（701年）で国府や郡衙が整備される以前にあった地方行政組織。那須国造が評の長官に任命されたということは、このときに那須国が下毛野国に統合されたことを意味しているという。

『侍塚古墳と那須国造碑』の著書がある真保昌弘・国士舘大教授（58）は「評は、古墳時代の国の間接支配から、直接支配への過渡的組織。中央集権体制が作られていく過程を見るのに重要な史料」という。

碑は1676年に発見され、話を聞いた水戸藩領小口村（現・那珂川町）の庄屋・大金重貞が確認し、水戸藩2代藩主・徳川光圀に報告した。光圀は92年、碑堂を建て、管理人の僧を置いた。それが現在の笠石神社である。同神社の伊藤克夫宮司（72）も「日本古代の歴史的史料が少ない中で年号が入って時代がわかる貴重なもの」と意味を強調する。

刻まれていた「永昌」は中国と

笠石神社本殿（大田原市）

朝鮮半島で使われた元号で、碑文中には仏教や儒教の観念に基づく表現がみられる。硬い花こう岩に、鋭いノミ跡で丁寧に文字を彫り、文章も洗練されていることから、先進的な技術、知識を持った朝鮮半島からの渡来人の関与が想定されている。

なぜ、そんな手間をかけて石碑をつくったのか。実は、遺跡調査から、7世紀末から8世紀初頭にかけて那須地域の中心は南に移ったことが分かっている。真保教授は「新たな国家体制やそこで台頭してくる勢力に対し、既存の豪族の一族が、正統な伝統的勢力であることを主張する狙いがあったのではないか」と解説している。（I）

笠石神社にある日本考古学発祥の地の碑（大田原市）

飛鳥・奈良

下毛野古麻呂　異例の出世

――大宝律令制定に参画

下毛野古麻呂のイメージ（下野市教育委員会提供）

飛鳥時代後期、大宝律令の制定（701年）に参加するなど中央で活躍し、県内で初めて歴史に名を残した人物がいた。下毛野国の国造と考えられる下毛野一族から出た下毛野古麻呂だ。

初めて名前を聞くという読者も多いと思うが、出身地と目される下野市教育委員会文化財課長、山口耕一さん(59)は「あの時代に、地方出身者が中央で活躍できたのは、大変な能力の持ち主だったからら」と評価する。

活躍ぶりを紹介する前に、古麻呂が登場した時代背景を少し考えてみよう。

7世紀中頃、大化の改新などがあり、豪族を中心とした政治から、

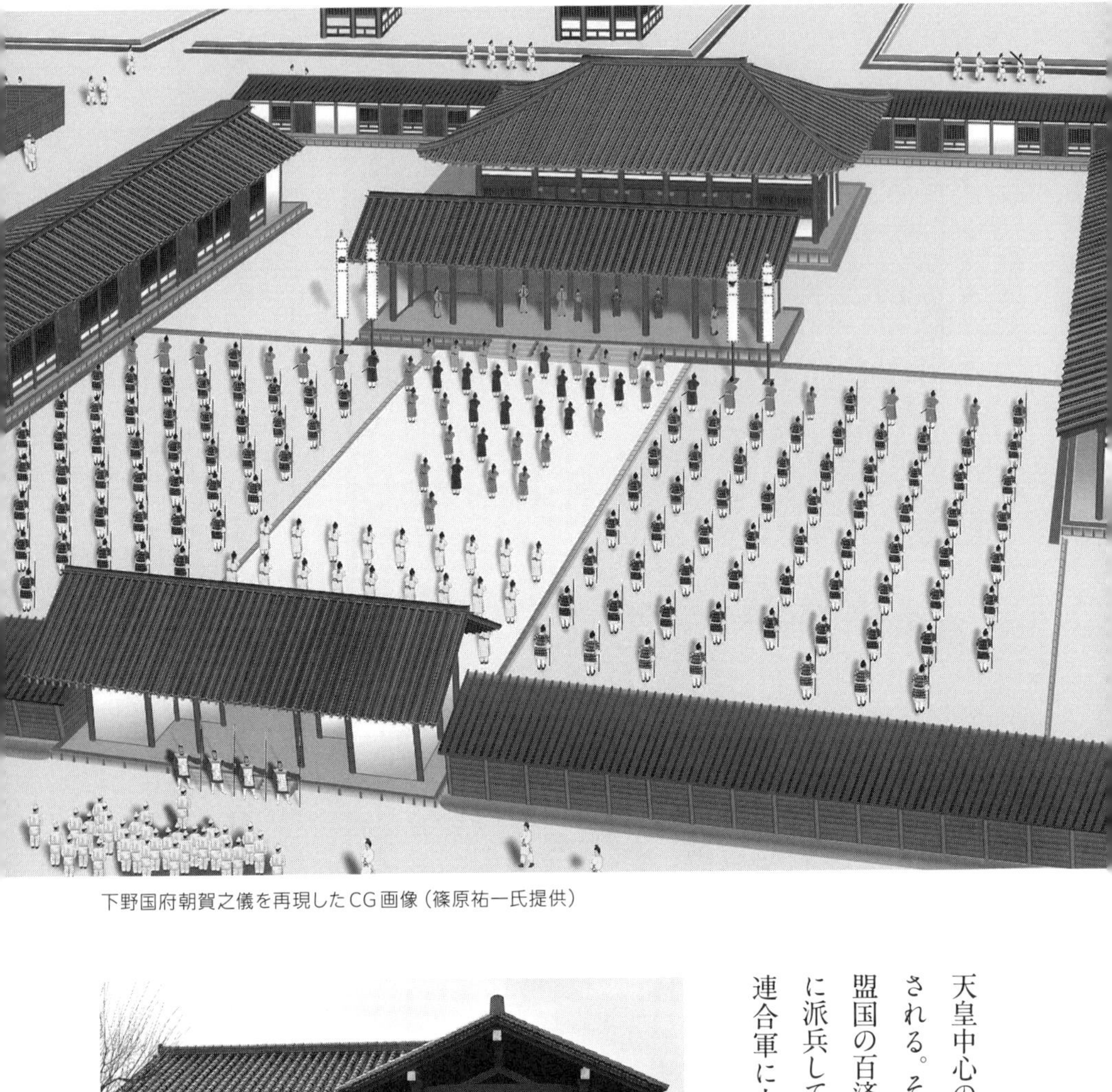

下野国府朝賀之儀を再現したCG画像（篠原祐一氏提供）

下野薬師寺復元回廊（下野市）

天皇中心の政治へと徐々に移ったとされる。そうした中、663年、同盟国の百済を助けるため、朝鮮半島に派兵して戦った白村江（はくそんこう）で唐・新羅連合軍に大敗。敗因を分析し、唐の政治制度を参考にして新たな国造りが始まった。

「ちょうど、幕末から明治時代への変化と、よく比べられます」と山口さん。

当時、古麻呂は他の豪族の子弟と同じように、都で天皇や貴族に仕える舎人として働きながら、勉学を続けた。役人となり、能力の高さを買われて、大宝律令の制定に加わった。

大宝律令は、天皇中心の中央集権体制をつくるため、文武天皇によって編さんが命じられた。皇族の刑部親王、藤原不比等を中心に、専門的知識を持つ渡来系の人や遣唐使経験者らが集められた。遣唐使の経験がない役人は古麻呂だけという。

「それだけ語学力が高く、法律の知識が多かったはず。しかも、草案完成後は、官僚たちに内容を説明する立場となるなど、中心的な存在だった」と山口さんは話す。

大宝律令によって刑法、行政法、民法が日本で初めてそろい、中央政府には「二官八省」の官僚体制が敷かれた。地方にも「国郡里制」が設けられ、中央から各国に国司が派遣され、直接統治する制度が固まった。

制定後、古麻呂は参議として国の政治に参加し、国防大臣である兵部卿となった。文武天皇が亡くなると、御陵を造る責任者となり、その後は、役人の管理や役人養成機関である大学寮を統括する式部省のトップに就くなど、要職を歴任した。山口さんによると、当時、こうした地位に就いた人は、畿内の豪族出身者などで、地方豪族出身の古麻呂は異例の出世だったという。

（A）

下野薬師寺西基壇建物を再現したCG（下野市教育委員会提供）

飛鳥・奈良

古麻呂を生んだ下毛野一族

――渡来人の技術取り入れ発展

大宝律令の制定などで活躍した下毛野古麻呂。彼の出身地の下毛野国は、都から遠く離れた東国の一つに過ぎなかった。古麻呂を生んだ下毛野一族と、当時の下毛野国の状況を考えてみよう。

下毛野一族の本拠地を示す資料は残っていないが、元県考古学会会長の橋本澄朗さん（77）は「おそらく下野市北部、上三川町辺りではないか」と指摘する。

7世紀前半の下毛野国は、栃木県中南部に中心地があり、特徴を同じくする「下野型古墳」の被葬者らが、連合して国を治めていたと考えられている。古墳の分布を地域的に見ると、「国分寺」（小山市北部、下野市）、「壬生」（壬生町南部）、「羽生田」（壬生町羽生田地区）、「石橋」（下野市北部、上三川町など）、「三王山」（下野市東部）などのグループがあったようだ。

しかし、古麻呂が誕生した7世紀中頃になると、古墳は「石橋」グループの方墳だけとなる。橋本さんは「最終的に、この一族の力が抜きんでて、下毛野国の国造になったのだろう」と推論する。

そして、下毛野国は「渡来人の技術、文化を取り入れて発展したと考えられる」と、下野市教育委員会文化財課長の山口耕一さん（59）は話す。

下毛野国では、古墳時代から渡来系の遺物が出土する。古麻呂の時代も、朝鮮半島の内乱から逃れるため、多くの渡来人が日本（倭）に渡り、下毛野国にも移り住んだ。日本書紀にも、7世紀に新羅人を下毛野へ移配したとの記述が出てくる。

この時期、中央政権は、帰属しない東北の人々を蝦夷（えみし）と呼び、武力などで制圧を加え、領土拡大を目指していた。「渡来人を移配したのは、彼らの知識や技術で鉱物資源の開発、農産物、織物などの増産を進め、下毛野国を東北対策の拠点にするためだったのではないか」と山口さんは推察する。

　実は、古麻呂の出生地は、都か下毛野国かはっきりしない。だが、一族の本拠地と目される下野市周辺でも多くの渡来系遺物が出土しており、ここで生まれても、外国語や海外の知識を渡来人から吸収できたはずだ。

　下野市では、7世紀末に下野薬師寺が建立され、古麻呂の死後、日本三戒壇（かいだん）の一つが設置される。寺の建立には古麻呂の関与が想定され、山口さんは「古麻呂は、中央で活躍しただけでなく、中央と地元のパイプ役として、情報や事業を地元にもたらしたと考えられる」と話している。

（A）

下野市が制作した「マンガふるさとの偉人　下毛野古麻呂」

下野薬師寺金堂を再現したCG画像（下野市教育委員会提供）

下野薬師寺で使われた瓦（下野市立下野薬師寺歴史館蔵）

下野薬師寺全景模型（下野市立下野薬師寺歴史館）

飛鳥・奈良

「東の飛鳥」栄えた下野市域

――薬師寺に戒壇 中心に発展

栃木県は古代、「下毛野国」と表記され、8世紀初めに「下野国」へと変わったようだ。『続日本紀（しょくにほんぎ）』によると、713年に諸国へ「風土記」の提出を指示した際も、国郡里の地名は、よい漢字2字で表記するよう求めている。

その下野国が東国の中心的な存在となるのは、「下野薬師寺に戒壇（かいだん）が置かれたことが大きくかかわっている」と下野市教育委員会文化財課長の山口耕一さん（59）はいう。

山口さんによると、下野薬師寺は、7世紀末頃の建立で、元々は下毛野国造一族の氏寺があったと考えられるという。その後、官立の寺院として公費が投入されて大改修が行われ、761年に戒壇が設置される。

当時、僧侶は納税を免じられていたため、税を納められない人が勝手に僧侶を名乗るケースが後を絶たなかった。僧に対して国が正当な資格（戒律）を授けることが必要となった。そのための場所が戒壇だ。

下野薬師寺を再現したCG画像（下野市教育委員会提供）

唐から伝戒師の鑑真を招き、奈良の東大寺、下野薬師寺、大宰府の観世音寺の3か所に戒壇を設けた。

下野薬師寺には、東国各地から僧侶が集まった。仏教ばかりか、医薬、土木技術、暦など、幅広い知識を学んだとされる。山口さんによると、寺の半径10キロ以内には様々な技術を持つ渡来人も住んでおり、外国語や各種生産技術も学べたと考えられるという。

付近では市場がたち、集落も増えた。住民の中には文字を書くことができた人がいたようで、住居跡から、「立万呂」という名前が入った食事用の器も出土している。

8世紀の下野市周辺は、大型建造物の建設ラッシュだった。思川を隔てた栃木市には下野国府が置かれ、付随した建物群が並んだ。下野市側には、下野国分寺、国分尼寺が新たに建立された。下野薬師寺を過ぎると、河内郡の役所である河内郡衙の建物や、対東北対策に出かける兵士や災害時に配布するための食糧倉庫も並んでいたという。

これらは整備された東山道に沿って造られ、そこを通過する人々は、巨大な瓦ぶきの建造物群を目の当たりにした。当時、竪穴住居に住んでいた住民も、次々と建設される官立の建物群に、驚きと畏怖を抱いたことだろう。

下野市は、同市の歴史的な位置づけとして「東の飛鳥」と称している。「大型古墳や下野薬師寺、役所、渡来人、先進的技術などがそろっていた。そうした地域は、畿内から東では、ここしかなかった」と山口さんは説明する。（A）

戒壇内を再現した模型（下野市立下野薬師寺歴史館）

「薬師寺」の名前が入った瓦
（下野市立下野薬師寺歴史館蔵）

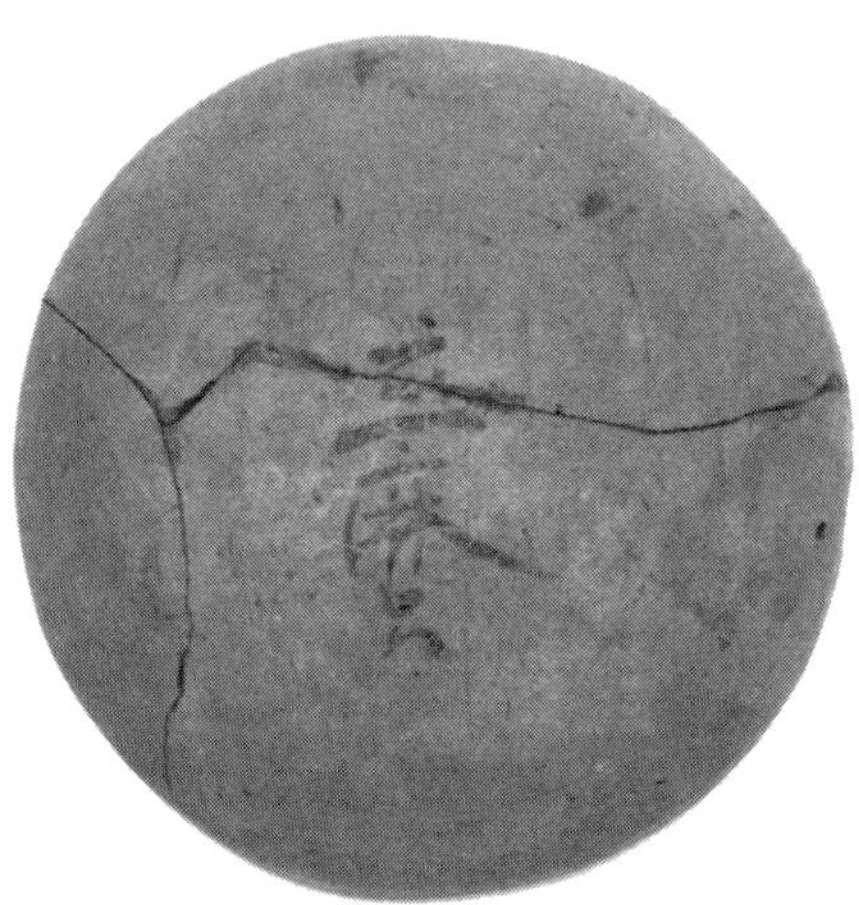

「立麻呂」の名前が書かれた土器
（上三川町多功南原遺跡、栃木県教育委員会提供）

下野国分寺、国分尼寺を再現したCG（下野市教育委員会提供）

飛鳥・奈良

政治の中心「下野国府」

――国司に菅原道真も

8世紀、下野薬師寺などを中心に栄えた下野市周辺の中で、政治の中心地として、栃木市に置かれた下野国府が徐々に存在感を持ち始める。

国府は、いわば現在の県庁で、戸籍によって民衆を把握し、税の徴収、文書の取り扱い、情報伝達、兵士の徴用を行った。ほかに、寺院の管理や犯罪取り締まり、儀式などの仕事もあった。

国府の中心部には国庁（政庁）が置かれ、中央から派遣された国司らが政務を行った。周囲には、文書事務を行う庁舎、税を収納する正倉院、武器などの倉庫、武器や布、漆などの工房、役人の館などがあったと考えられている。職員数は、その国の規模によって決まり、「上国」だった下野国の場合は、国司と地元採用の計約500人が勤務していたと推定されている。

足利、都賀、河内、那須など九つの郡には、郡家（郡衙）という役所が置かれた。役人の郡司は当初、国造に任命された地方豪族の子孫などが就任した。しかし、国司が郡司の勤務成績を評定し、式部省に報告する制度だったため、成績によって途中交代も可能だったようだ。

下野国府の場所は長い間わからず、1976～84年の県教育委員

役人のイメージ図（下野市立しもつけ風土記の丘資料館）

下野国庁を再現した模型（栃木市下野国庁跡資料館）

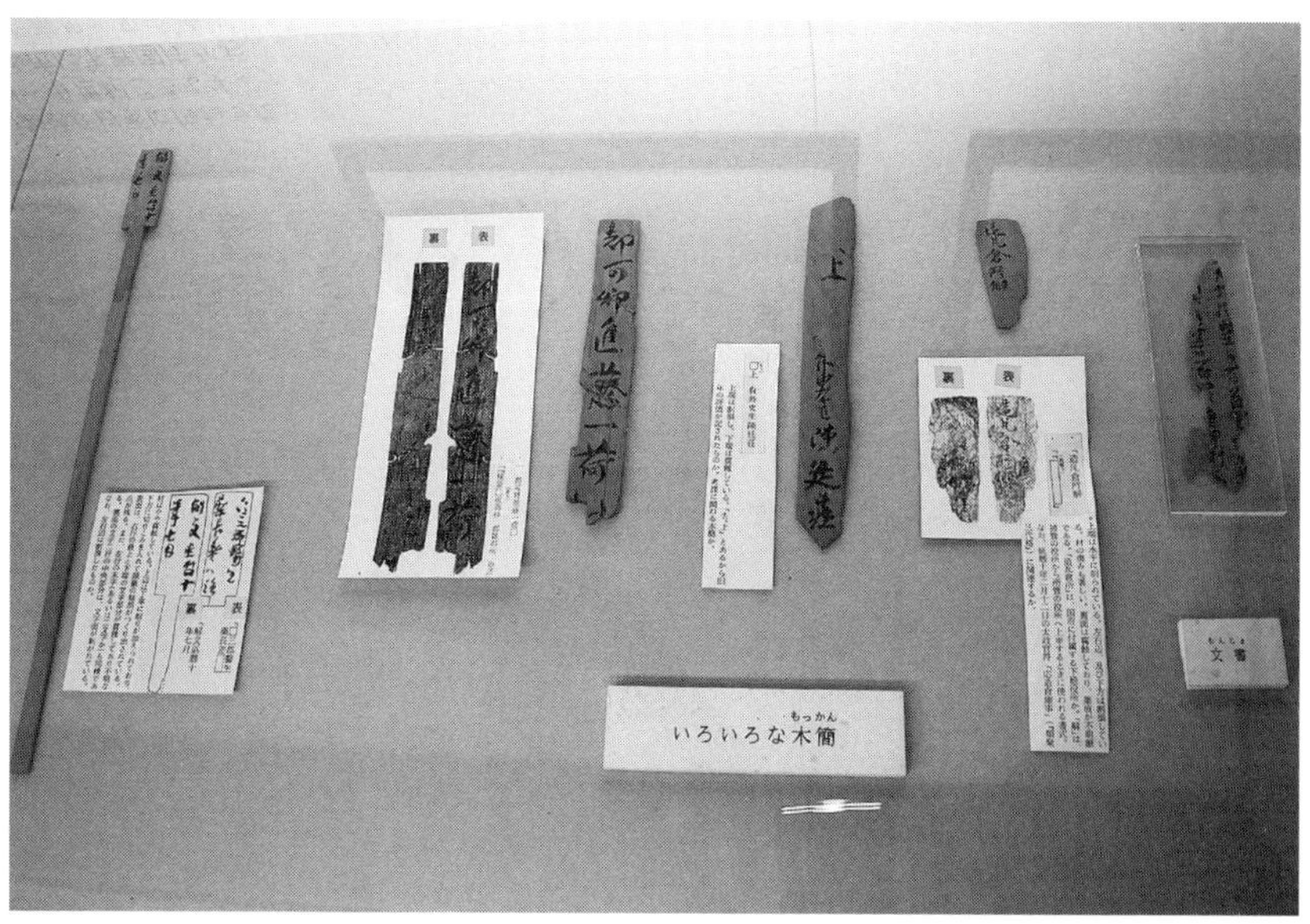

さまざまな木簡（栃木市下野国庁跡資料館蔵）

会の発掘調査で栃木市田村町と特定され、国庁跡と関連施設跡などが見つかった。国庁は8世紀前半に始まり、10世紀に消失、下野国府全体も、11世紀にはこの場所からなくなったという。

理由について、下野国府はある事情で形を変えた、北に移動した、などの説があるが、はっきりしない。この問題は次の時代に改めて取り上げたい。

ところで、下野国府の国司の中に、学問の神様、菅原道真の名前があるのをご存じだろうか。国司は長官である守や、介、掾、目の四等官で構成される。道真は867年、23歳の時に「下野権少掾」に就任している。

『菅原道真』の著書がある大阪大学の滝川幸司教授（52）によると、当時、道真は官僚登用の国家試験を目指し、官僚育成機関「大学寮」で勉強中だった。実は、奨学金をもらうための兼務で、滝川教授は「名目だけなので、仕事はしていないと考えられる。3年後には合格し、長くてもその時点で退任しているでしょう」という。

神様といえども、試験勉強は大変だったようだ。滝川教授の著書によると、道真は当時結婚していたが、「友人と語ることも、妻子と親しむこともなかった」と、後に回想している。

（A）

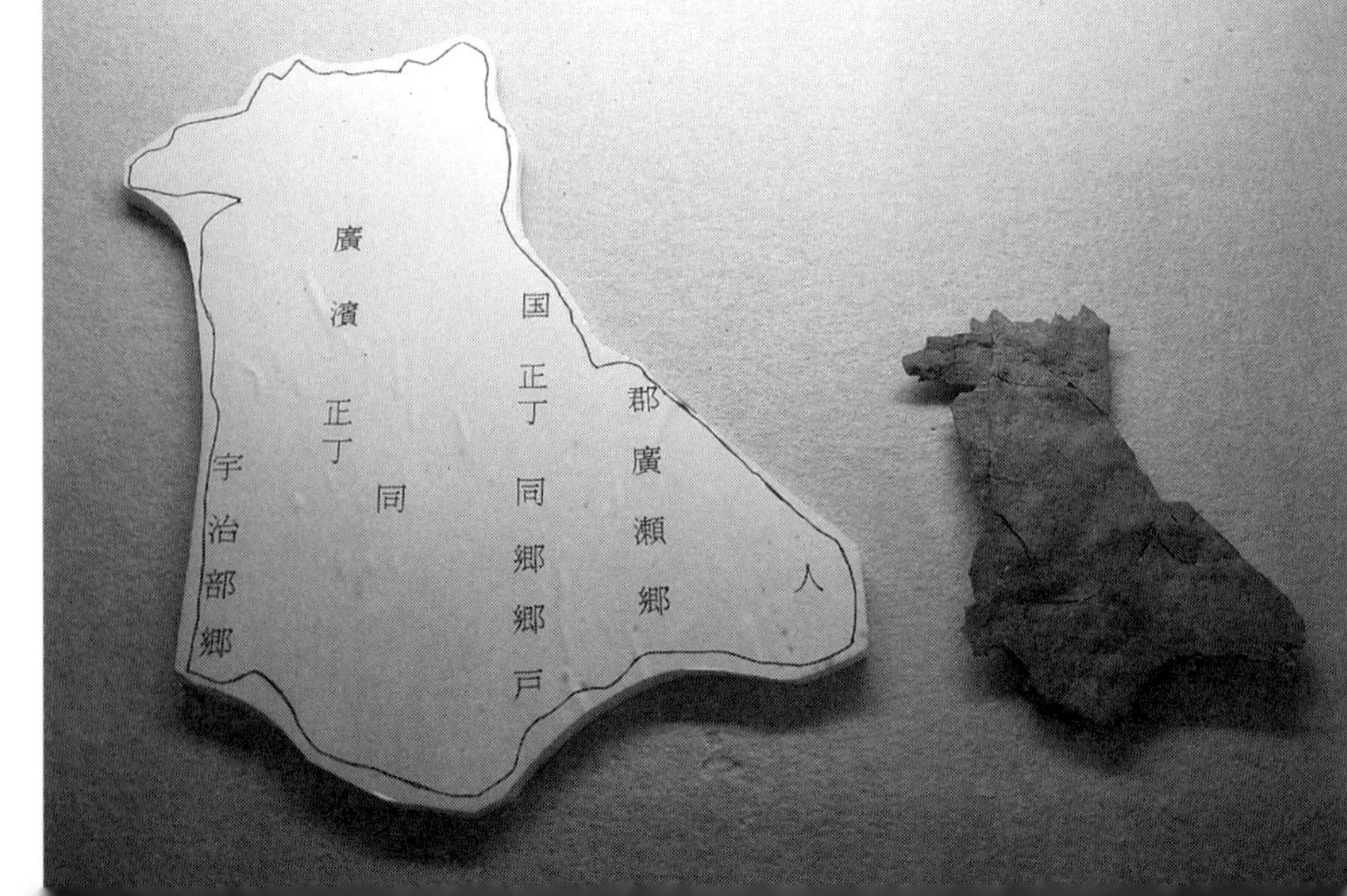

漆紙に書かれた文字（栃木市下野国庁跡資料館蔵）

飛鳥・奈良

東山道跡に大規模遺跡

——東北対策意識し整備

律令制時代、都と地方との間に、東海道、東山道、山陽道など七道が整備された。中央政権の政治・行政上の意思決定や、地方の災害や反乱、外交問題などを早く正確に伝達し、人や物を的確に移動させるためとされている。

このうち東山道は、都から内陸部を通って陸奥、出羽国までを結び、7世紀から8世紀にかけて整備されたようだ。栃木県内では、約20か所で道路跡が発見されており、ルートは、足利市から下野国府（栃木市）を通り、下野薬師寺（下野市）のそばを通って宇都宮市を抜け、鬼怒川を渡り、さくら市、那須烏山市と続き、那珂川町の国指定史跡・那須官衙（かんが）遺跡付近で箒川（ほうき）を渡って北上。大田原市から那須町へ進み、陸奥国境の白河関（福島県白河市）に至ると想定されている。

周辺では、郡（ぐん）の役所にあたる郡衙（が）などの遺跡も発掘され、県内では役人が馬を乗り換える駅家（うまや）が7か所あったことが記録に残る。大田原市佐良土地区では昨年、同市教育委員会の東山道ルートの確認調査の過程で、南北に174メートル以上の大規模な溝を持つ古代役所跡とみられる遺跡が発見された。近くに磐上駅家（いわかみのうまや）があったとみられており、今後詳しい調査が進められる。

那須官衙遺跡の発掘にも関わり、古代の役所や道路に詳しい大橋泰夫島根大教授（62）は、県内の東山道と、こうした施設について「東北への入り口として、対東北政策を意識して整備された」と話す。

当時、中央政権は、従わない東北の人々を蝦夷（えみし）と呼び、弾圧を加えながら東北地方への領土拡大を目指していた。大橋教授は「地方官衙は、郡内統治や生産・流通に

発見された東山道跡（さくら市）

関わるため、交通の要所に設置されることが多い」と説明。陸奥国に隣接する下野国や常陸国は、「郡内に複数の正倉が置かれ、規模も大きく、駅家に近接した地点にも、大規模な倉庫群があった。東北対策の後方支援の役割も担っていたためだろう」と推察する。

また、下野国との境に設けられた白河関は、「陸奥国から他国への逃亡を防止する役割を果たし、違法な交易品の出国と、交易に従事する者の入国を規制した」（『白河市史』）とされ、鈴木功・同市文化財専門研究員（60）は「白河関の役割は、まさに人と物の流れを管理することにあった」と話している。（I）

那須官衙遺跡（那珂川町）

古代役所とみられる跡（大田原市）

飛鳥・奈良

渡来人 下毛野国に配置

——日本初の金産出に関与か

7世紀に、朝鮮半島が新羅によって統一される過程で動乱が起き、多くの渡来人が日本列島に渡って来た。日本書紀には、687年に、こうした渡来人のうち新羅人14人を下毛野国に配置したとある。689年、690年にも配置の記録が残る。

県埋蔵文化財センターの篠原祐一副所長（59）によると、新羅人の移住は、遺跡から出土する土器や瓦などで裏付けられる。出土例は河内郡と那須郡に集中し、特に宇都宮市と上三川町にまたがる西下谷田遺跡では、複数の竪穴住居から土器が見つかった。中には、新羅の官位と名前が記されたとみられるものもあった。

篠原副所長は「配置された新羅人は、まず西下谷田遺跡に入り、下野市の惣宮遺跡や落内遺跡、那須地方に分散したのではないか」とみる。渡来人は難民というより、技術などを持った知識人が集団でやって来たと考えられるという。

国士舘大の真保昌弘教授（58）によると、このうち那須地方では、関与が考えられる大田原市の国宝・那須国造碑がある。さらに、那珂川町にあった那須郡の役所「那須官衙」近くに、7世紀後半の創建とみられる浄法寺廃寺がある。使われた瓦にはわが国に一般的に認められない文様や技術がみられ、新羅人などの製作とも考えられているという。

また、それまで国内では見つかっていなかった金（砂金）も発見された。8世紀、奈良・東大寺で大仏の鋳造が行われたが、大仏に塗る金が不足し、困っていた。そうした中、『東大寺要録』によると、747年、下野国から金産出の知らせが届いたという。真保教授は

「当時わが国の人々には、砂金の知識はなかったはずで、鉱脈、鉱物などの知識を持った渡来人の関与が考えられる」と推察する。

金の産出は、長い間、749年に陸奥国（宮城県ほか）で見つかったとする『続日本紀』の記述が最初と考えられていた。国士舘大の大川清名誉教授（2003年に死去）は、『東大寺要録』などから、それより2年早く那珂川町健武の健武山神社前を流れる武茂川で採れた

健武山神社（那珂川町）の古代産金の碑と、国士舘大の真保教授

と推定。その研究結果をもとに、神社には「古代産金の里」という大きな石碑が建ち、同町の史跡紹介でも「この地が日本最初の産金地ということができます」としている。

下野国の金採取事業は、その後、国営事業となり、９６７年に施行された延喜式では、下野国は毎年、砂金１５０両（約５・６キログラム）、金塊の形にした練金84両（約３・１キログラム）を納めることが規定されていた。対東北政策の後方支援基地だった那須地方は、金の発見により、さらに重要度を増したと考えられている。（I）

古代浄法寺廃寺鐙瓦
(那珂川町教育委員会提供)

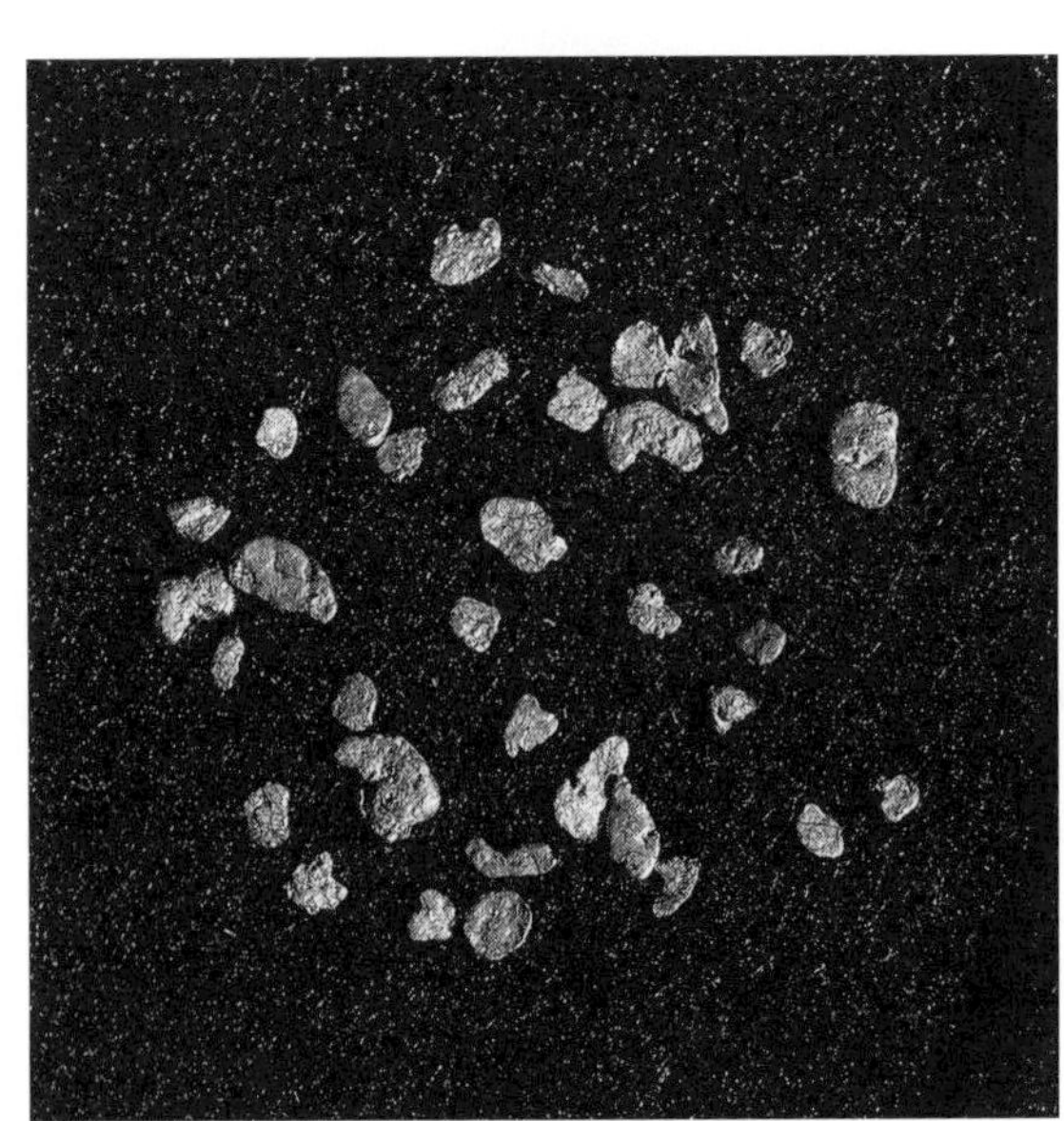

武茂川砂金
（那珂川町なす風土記の丘資料館蔵）

古代仏教

勝道上人 男体山登頂の意味

――再挑戦 国家的要請か

輪王寺三仏堂近くに立つ勝道上人の像(日光市)

日本三戒壇(かいだん)の一つが下野薬師寺に置かれたことで、下野国は東国仏教の中心地となった。日本の山岳仏教の先駆けとされる勝道上人(しょうどうしょうにん)も、この時代に登場した。

冬に、雪をかぶった男体山を見て、はっとすることはないだろうか。まさに栃木県を代表する山だ。その男体山を約1200年前に登頂し、日光を開山したのが勝道上人だった。

父親は下野国府の役人で、母親の実家がある真岡市で生まれたという。下野薬師寺や栃木市の出流(いずる)山(さん)にこもって修行を続け、下野薬師寺で僧の資格を受けたとされる。

767年、生きとし生けるものの幸福を願い、31歳で初めて男体

勝道上人が目指した男体山（日光市）

山登頂を目指すが、厳しい自然に阻まれ途中断念。７８１年の２度目も失敗し、翌年、３度目の挑戦で、ようやく頂上に立った。開山のいきさつについては、下野国府の博士（教育機関の教官）の仲介で、時代の寵児だった空海に記録を依頼したことで、碑文（勝道碑文）に記された。

不思議なのは、１度目の挑戦から14年もたって登頂に再挑戦したことだ。元県考古学会会長の橋本澄朗さん（77）は「最初は個人の宗教的な情熱によるものだろう。２度目以降の目的は少し違っていたと思う」と話す。

実は、この14年間に、国内で大きな問題が生じていた。７７４年に、中央政権が蝦夷と呼んだ東北地方の人々が反乱を起こし、780年、東北支配の拠点である多賀城を占拠した。

中央政権は、軍事制圧のため、下野国をはじめ東国から兵を動員。下野国は、兵站基地として緊迫度を増していた。

当時は、仏教で国家を守る鎮護国家思想に基づく政策が進められていた。そうした中で、勝道上人の男体山登頂が再開した。橋本さんは「戦争という国家的危機の中で、勝道上人は使命感を持って山頂を目指した。一つの見方として、背景に国家的な要請もあったと考えられる」と推察する。

そのためか、男体山開山を知った桓武天皇は、勝道上人を上野国の「講師」に補任する。講師は、その国の法務や寺、僧侶の統制を行う僧官。当時の上野国は、下野国よりランクが上の「大国」で、「大抜擢だったと思う」（橋本さん）という。

勝道上人の墓の案内板（日光市）

今は世界的観光地で、世界遺産にもなっている日光。訪れると、勝道上人の開山の功績をたたえるため、1955年に市民の寄付などで輪王寺三仏堂の近くに建てられた銅像が、静かに市内を見守っている。（A）

勝道上人の墓（日光市）

古代仏教

法王・道鏡　下野に左遷

―名誉回復へ伝承など紹介

下野薬師寺に戒壇が設けられて9年後の770年、下野国に大ニュースが届いた。都で法王まで上り詰めた僧・道鏡が突然、下野薬師寺に左遷となるというのだ。

道鏡は、女帝の孝謙天皇（後の称徳天皇）の病気を治癒したことをきっかけに寵愛を受け、天皇のもと政治の最上位である太政大臣禅師、そして法王となった。ところが、皇位をねらったという疑いで、称徳天皇の死後、「造下野薬師寺別当」として左遷させられた。対応した下野国府の役人は、さぞ慌てたことだろう。

下野国での道鏡の様子は、公式記録には残っていない。ただ、『栃木県史』によると、道鏡は高い地位にあったことから、流罪の処分は受けず、左遷という形式を取り、左遷先では実務に関係しないことになっていたと考えられるという。

下野国に来て約2年後、道鏡は亡くなり、「庶人として葬った」と、短く都に報告されただけだった。

こうした経緯もあって戦前、道鏡は平将門、足利尊氏とともに日本三悪人とされていた。

これに対し、今は別の見方もある。『藤原仲麻呂と道鏡　ゆらぐ奈良朝の政治体制』の著書がある帝塚山大文学部の鷺森浩幸教授（62）は、独身だった称徳天皇に後継者がいなかったことなどから、「称徳天皇自身が、道鏡を天皇に擁立しようと考えたのだと思う」とする。

また、県内外の歴史ファンを中心に37年前に発足した「道鏡を守る会」は、道鏡の名誉回復を願う立場から、道鏡の功績や各地の伝承を会報などで紹介している。

例えば、県内の伝承では、下野薬師寺の別院とされる龍興寺（下野市）に、道鏡の墓と伝わる円墳があ

道鏡の墓と伝わる円墳の前に集まった「道鏡を守る会」のメンバー（下野市龍興寺）

孝謙天皇神社（下野市）

る。同じ下野市に孝謙天皇神社があり、近くには、女帝に仕え、道鏡と一緒に下野に下った2人の女官を葬ったとされる塚の一部が残る。「思川の流しびな」の人形に使われる小山市の「下野しぼり」の技術も、道鏡によって伝えられたという。

同会によると、こうした伝承は県内で10件以上あるといい、会長の本田義幾さん（77）は「悪人説は戦前の教育の結果。実際、道鏡さんを悪人として扱う伝承はない」と話す。

小山市無形文化財である下野しぼりの技法を唯一、継承する諏訪ちひろさん（62）は「道鏡が伝えたという確実な資料はないが、人形が多くの人を喜ばせ、幸せにしているのを見ると、とてもうれしい。これからも大切にしたい」と話している。（A）

女官を葬ったとされる塚（下野市）

「思川の流しびな」（小山市）

慈覚大師堂にある円仁の坐像（栃木市大慈寺）

古代仏教

円仁 大慈寺から飛躍

――天台座主として教学確立

東国の仏教を考えるとき、下野薬師寺と同様、大きな影響を与えたのが大慈寺（栃木市）だった。慈覚大師として知られる第3世天台座主・円仁も、この寺で修行をスタートした。

円仁は、794年に下野国都賀郡で生まれ、幼い頃に父親を亡くし、9歳の時に大慈寺に入った。

寺伝によると、寺は737年の創建で、行基が開山し、2代目に鑑真（がんじん）の弟子の道忠（どうちゅう）、3代目はその弟子の広智（こうち）が就いたとされる。円仁は広智に師事した。

15歳の時に、天台宗の開祖最澄の弟子となる。大慈寺の117代住職・林慶仁さん（59）は「大慈寺ではもう教えることがなくなり、

大慈寺境内にある県指定文化財の相輪塔

広智さんが比叡山に連れて行った」と話す。道忠が最澄と親密な交流を持っていた、という背景もあったとされる。

円仁は、天台宗の密教を完成させることを目的として、45歳で唐に渡り、9年間の旅行記『入唐求法（にっとうぐほう）巡礼行記』を残した。これを広く世に紹介したのが駐日米大使のエドウィン・ライシャワー博士（1990年死去）で、今ではマルコポーロの『東方見聞録』などとともに世界三大旅行記とも称されている。

ライシャワー博士は大使時代の1964年、円仁ゆかりの地を見たいと栃木県を訪問、大慈寺などを見学した。随行した大田原市の光丸山法輪寺の若水淳譲住職（91）は「熱心に説明を聞き、見て歩く姿が印象に残っている」と振り返る。

円仁ゆかりの寺は、東北地方に多い。比叡山と並び不滅の法灯を伝える立石寺（山形県）や、世界遺産の中尊寺、毛越寺（もうつうじ）（岩手県）、伊達家の菩提寺（ぼだい）の瑞巌寺（宮城県）もそうだ。東北歴史博物館（宮城県多賀城市）の政次浩学芸員（56）によると、ゆかりの寺は東北6県で約100寺あり、全国の約2割を占める。「『円仁ゆかり』と各寺院で誇りを持って語られている」と説明する。

円仁の没後、天台座主は安恵（あんね）が引き継いだ。実は安恵も、幼い頃大慈寺で広智に師事し、後に最澄に従った。この時代、大慈寺から2代続けて座主が出た。

大慈寺には、円仁をまつる慈覚大師堂があり、内部に慈覚大師像が安置されている。県立博物館名誉学芸員の千田孝明・日光市文化財保護審議会会長（69）は「慈覚大師は最澄が伝えた天台教学をさらに押し広め、人材育成に努めた」と業績を評価する。

大慈寺の林さんはこう話す。「慈覚大師が日本に伝えたという経文に高低・抑揚や節をつける声明（しょうみょう）が、日本人の歌の原型となったともいわれる。目立たない人柄だが、その業績は、日本人の心の中に今も地下水脈のように流れている」（I）

大慈寺の山門

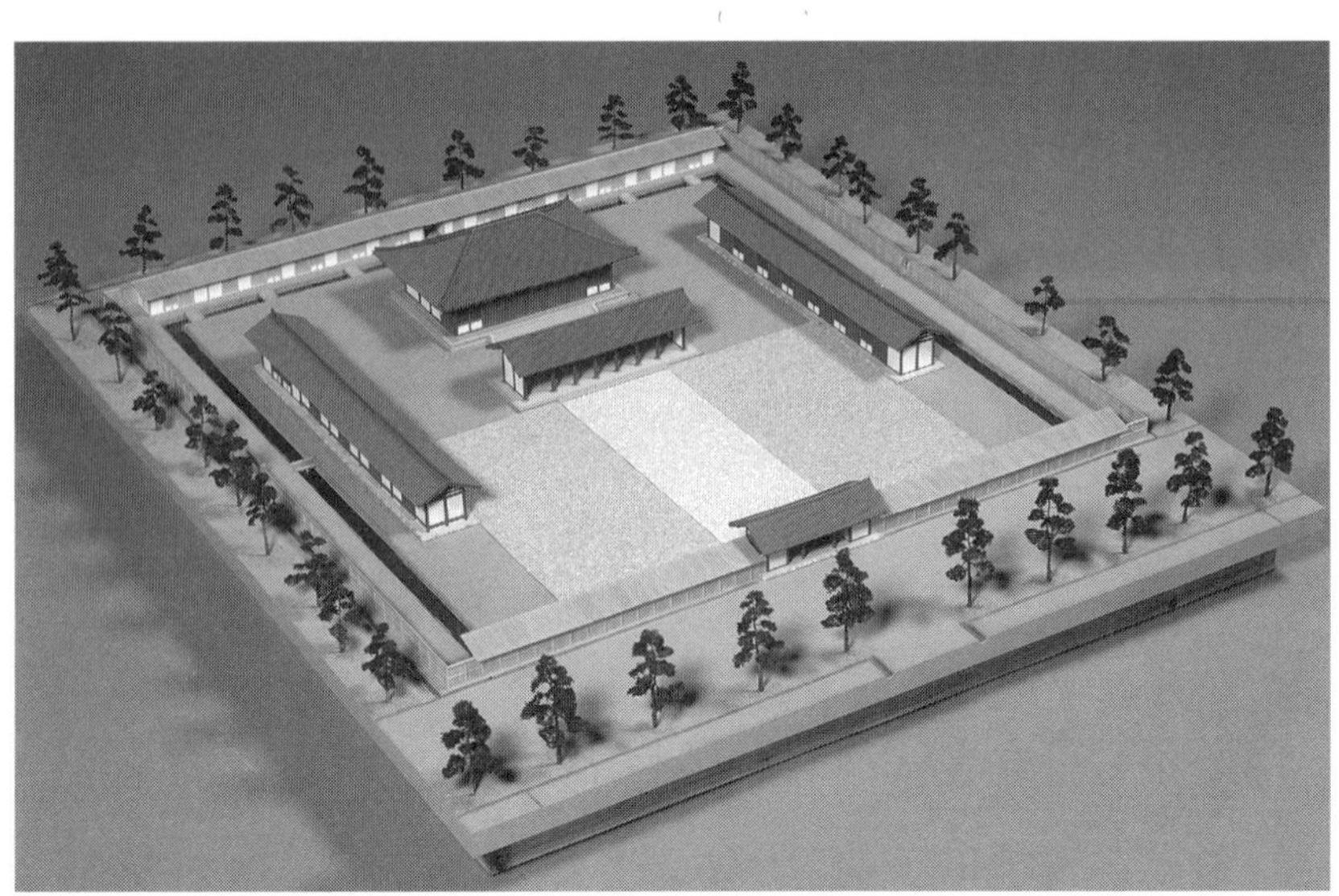

下野国府跡政庁復元模型（栃木県提供）

下野国府跡（国庁域全景：南西より撮影、栃木県提供）

第5章

武士の誕生と武家政権

～平安・鎌倉時代～

専門家
座談会

下野武士は中世をどう生き抜いたか？

平安時代に律令制度が崩れると、自衛などを目的とした武力化が進み、やがて武士へと成長した。「とちぎ日曜歴史館」では、武士の時代スタートにあたり、県内の専門家を招き、「下野武士は中世をどう生き抜いたか」をテーマに座談会形式で語り合ってもらった。出席は宇都宮短期大学教授江田郁夫さん（61）、県立博物館主任研究員山本享史（たかし）さん（40）、下野市教育委員会文化財課長山口耕一さん（59）で、司会は山口さんにお願いした。

足利氏ゆかりの鑁阿寺（足利市）

山口　今回の座談会は、「下野武士は中世をどう生き抜いたか」をテーマに話し合いたい。そもそも、武士とは何だろう。

江田　弓と馬に優れ、特に乗馬しながら弓を使えるのが武士の特徴。機動性に優れ、軍事力として抜群の能力を発揮する。

山本　そのルーツが下野であり、東北の影響を大きく受けていた。東日本は防人など軍事供給地だったが、下野は（弓馬の技術に優れるといわれる）東北の蝦夷対策の拠点だった。

江田　下野といえば、平将門を討った藤原秀郷に象徴されるだろう。

山口　武士にも、ブランドがあるのだろうか。

江田　源頼朝は征夷大将軍になったが、その前のブランドは（藤原秀郷の）鎮守府将軍だった。

山本　藤原秀郷が神格化されたのは鎮守府将軍になったから。征夷大将軍は臨時のもので、鎮守府将軍は東北にある鎮守府の将軍で格が上だった。

山口　12世紀になると、秀郷流の中から小山氏が出てくる。

江田　武士団は、治安が乱れたときの紛争請負人で、東北支配

小山一族
鎌倉殿支え

江田郁夫さん（61）
県立高校教諭、県立博物館学芸員を経て、宇都宮短期大学教授。専門は中世史で、下野武士団、足利尊氏などに詳しい。著書に『下野の中世を旅する』（随想舎）、『下野長沼氏』（戎光祥出版）、『戦乱でみるとちぎの歴史』（下野新聞社）などがある。

の武器として使われた。それが、土地制度の変化の中で有力者として土地開発の役割を果たす。国府の役人としても存在感を持ってくる。象徴的なのが小山氏だ。武略だけでなく、財力、政治力でも彼らの存在が際立ってくる。

山本享史さん（40）
県立高校教諭を経て、県立博物館学芸員。中世に詳しく、主な論文に「鎌倉時代における在京活動と東大寺」（江田郁夫編『中世宇都宮氏～一族の展開と信仰・文芸～』（戎光祥出版）などがある。皆川文書の調査研究も。

幕府から要衝授かる

山口　武士の活躍の場が広がったきっかけは？

江田　鎌倉殿の登場でしょう。彼らは非合法政権、反乱勢力であったわけで、最終的に平家を倒し、木曽義仲も倒し、朝廷とも話をつけた。その鎌倉殿を支えたのが小山一族。

山口　鎌倉殿の政権運営の特徴は？

江田　将門は敵対勢力として朝廷と向き合った。頼朝は平家とは戦ったが後白河法皇と戦わず、むしろ、お墨付きをもらった。奥州藤原氏を滅ぼし、東北に下野武士団を含めた東国の武士が入植した。朝廷のゴーサインがないうちに頼朝が踏み切ったので、幕府の存在感が高まった。下野からも、秋田県湯沢市に小野寺氏、岩手県遠野市は阿曽沼氏が行って、領主となった。東北の境となる、いわき、白河、南会津には、秀郷流の小山、結城、長沼が君臨した。

山本　承久の乱では、後鳥羽上皇も武士を味方に付けるため、8人に院宣を出した。このうち小山、長沼、宇都宮、足利と、半分は下野の武士。結局、上皇側にはつかなかったが、承久の乱後、幕府から恩賞として、長沼は淡路、小山は播磨を与えられた。いずれも瀬戸内海交通を押さえる重要な場所だ。足利は三河でやはり交通の要衝。宇都宮氏は伊予。

山口　足利氏は、影が薄いが、どのような経緯で頭角を現すのか。

江田　頼朝の一門が滅び、足利氏にとって大きなターニングポイントとなる。頼朝、北条氏とも姻戚関係で、足利の存在感が増した。そして家を保ったまま、尊氏が登場したのが大きい。

山本　足利が滅ぼされなかったのが大きいと思う。

山口　室町時代の下野武士の状況は、どうだったか。

江田　足利尊氏は幕府を京都に開くが、鎌倉には鎌倉府を置いた。その結果、鎌倉府、鎌倉公方を支えた武士ブランド「関東八屋形」ができる。宇都宮、小山、長沼、那須、結城、小田、佐竹、千葉。半数は下野武士で、室町時代も、下野武士は重要だった。

山口　下野武士はどんな活躍をしたのか。

佐野市で行われている秀郷まつり

江田　南北朝の時代、尊氏は、戦いのため鎌倉と京都を3往復半、京都・太宰府を1往復している。京都周辺でも戦った。尊氏は下野武士を切り札とし、特に後醍醐天皇に弓をひき、新田義貞が鎌倉に尊氏を追討に来た時は、最後まで小山、長沼、結城を手元に置いた。「秀郷の子孫で武略と弓馬に優れているので、お前たちを温存した」と言っている。京都を舞台にした戦では、最後の切り札として、那須資藤(すけふじ)を温存、意気に感じた資藤は一族、家臣を含めて39人が戦死したと『太平記』にある。

山口　戦国時代はどうか？

室町幕府を開いた足利尊氏の銅像（足利市）

江田　室町幕府が衰退、戦国時代になるが、上杉、武田、北条は国を越えて支配領域を拡大していった。鎌倉公方が頼りにした下野、常陸の武士団は最後まで北条に従わず、反北条連合を結成、からくも生き残った。戦国時代のヒーローは上杉、武田、北条と思われがちだが、ぽっと出の戦国大名ではなく、鎌倉からのブランドを400年間維持し、北条の圧力に耐えきったのが下野武士の特徴だ。

山口　下野から大きな大名が出なかった。名家がいくつもあったので、大きくなりきれなかったのか。

江田　下野の各武将は本領がそれなりに大きいし、他の土地に移ろうとしなかった。それぞれ400年の歴史があるので、とことん追い詰めてつぶし合うことはせず、連立して戦った。今の企業のように、合併して大きくなるということはしなかった。

山口　話題のNHK大河ドラマ「鎌倉殿の13人」だが、小山、宇都宮氏がもう少し出てもいいのではないか。

山本　栃木の武士団は、源頼朝に近く、鎌倉幕府に組み込まれている。ドラマとしては、色を出しにくいかもしれない。

江田　そう、キャラが立っていない。今回のドラマは、鎌倉殿に反抗的などろどろした部分を取り上げている。

山口　確かに、小山、長沼、結城の小山三兄弟は、頼朝の親衛隊として働いたわけだから。

武士にもブランドあり

山口耕一さん（59）
県埋蔵文化財センターなどを経て、下野市教育委員会文化財課長。甲塚古墳、下野薬師寺跡、下野国分寺、国分尼寺跡の調査・報告など。著書に『戦乱でみるとちぎの歴史』（下野新聞社）、『新・しもつけ風土記～展示解説図録～』（随想舎）など。

小堀鞆音筆「田原藤太秀郷像」（部分：個人蔵、栃木県立美術館寄託）

藤原秀郷

将門討伐で一躍ヒーロー

――「俵藤太物語」語り継がれ

平安時代中期の県内で、最も有名な人物といえば、藤原秀郷（ふじわらのひでさと）の名前が挙がるだろう。「中世東国武士の祖」といわれた秀郷は、平将門（たいらのまさかど）の乱を鎮圧したことをきっかけに、歴史の表舞台に登場した。

939年暮れのことだった。下総国（しもうさのくに）を拠点とし、土地争奪などを巡り一族間で私闘を繰り広げた将門が、ついに相手方がいた常陸国（ひたち）府を襲撃、国家に対する反乱を起こした。その勢いのまま、将門軍は下野国府（栃木市）を襲った。

下野国府を囲むと、国府側はあっさり国印と倉の鍵を将門に渡し、国府を明け渡した。国守は都（みやこ）へと追いやられた。続いて、上野国の国府を落とした将門は、そこで自ら「新皇」と称し、身内や部下を坂東八か国の国守や介に任命してしまう。

知らせを受けた中央政権は、翌年1月、将門追討のため、下野国にいた秀郷ら東国の軍事的実力者を追討軍に起用。押領使に命じられた秀郷らが中心となり、翌月、都から送られた軍を待たず、4000人の兵を率いて将門軍を破った。この時、将門は矢に当たって討ち死にしたとされる。

将門軍は農民が多く、農作業で帰村させて手薄な時を秀郷が狙ったという。秀郷が将門を討ったいきさつを簡単に紹介すれば、こんな内容だ。秀郷に詳しい県立博物館主任研究員の山本享史さん（40）は「秀郷の年齢は40～50歳程度と考えられ、将門軍との戦いでは老練な手段を用いたとされています」と話す。

見事に朝敵を討った秀郷は、その後、スピード出世する。3月に将門誅殺の報告が都に届くと、秀郷はいきなり従四位下（五位以上は貴族）に叙され、下野守、武蔵守、鎮守府将軍に任ぜられていく。

秀郷が討った平将門の像（茨城県坂東市）

秀郷の活躍は、後にムカデ退治で有名な「俵藤太（たわらのとうた）物語」として語り継がれる。「それだけ将門は、都の人々に恐れられていたと言えるでしょう」と山本さん。

山本さんによると、元来、坂東は東北制圧や防人（さきもり）のための兵の供給地。都の人々は、国家に対する反乱を起こした将門が、そうした武力の強者を引き連れ、都に押し寄せて来るのではないかと、恐れていたという。

都や畿内で鬼のように恐れられていた将門を破り、一躍ヒーローとなった秀郷。では、どのような人物だったのか。次回、その実像を探ってみよう。（A）

平将門によって襲われた下野国府。国庁の一部が復元されている（栃木市）

藤原秀郷

英雄　元来は国府と対立

――土地など巡り乱行か

平将門の乱を鎮圧し、一躍脚光を浴びた藤原秀郷だが、その人物像を知る手がかりは意外と少ない。東国武士の誕生過程とあわせて、人物像を考えてみよう。

下野国など坂東諸国は、古代から東北対策の兵站基地とされてきた。中央政権は、従わない東北地方の人々を蝦夷と呼んで弾圧を続け、帰順した人々を坂東などに強制移住させた。平安時代に律令制度が崩れ始めると、そうした人々や、輸送途中の税を強奪しようとする群盗が各地で反乱を起こした。

鎮圧のため、中央から軍事に優れた王臣家や貴族が国司として地方に下り、そのまま土着するケースが出た。将門は、常陸や下総などで大きな勢力となった平氏一族の一人だった。

秀郷も、藤原北家出身の一族で、曽祖父の藤原藤成は9世紀前半、下野国の国司として下り、国府の書記官で地元の豪族とみられる鳥取氏の娘を妻にした。藤成は他国の国司となって下野を去るが、代々下野国府の国司となった秀郷の祖父・豊沢、父・村雄は、下野に定着したようだ。

「豊沢、村雄とも掾という三等官に任じられている。おそらく下野国府から遠くないところに居を構え、国府の軍事担当として、反乱グループとの激しい戦いを経験した可能性が高い」と、県立博物館主任研究員山本享史さん（40）は話す。そうした環境下、蝦夷由来の騎射術という武芸に秀でた秀郷が誕生したのではないかと、山本さんは考えている。

やがて武士と呼ばれる彼らは、戦うだけでなく、私有地の開発を積極的に行ったと考えられる。そうなると、同種の者同士や国府との間に摩擦が生じてくる。

秀郷は、将門の乱以前には国司となった記録はない。それどころか、秀郷ら一族18人が流罪の刑を科せられ、９１６年には中央政権が再度、刑の実行を国府に命じた記録が残る。また、９２９年にも、秀郷の乱行を制圧するため、近隣

平将門が拠点とした島広山・石井営所跡（茨城県坂東市）。将門も中央から坂東に下り、定着した平氏一族の一人だった

秀郷の曽祖父の代から国司として働いた下野国府（栃木市）

ムカデ退治（「俵藤太物語絵巻 上巻」部分、江戸時代、栃木県立博物館蔵）

諸国から兵を動員するよう指示した記録もある。

いずれも、罪の内容は明らかではないが、「土地などを巡って他集団や国府と対立し、事件を起こした可能性がある」と山本さん。

都では、将門を倒したヒーローとされた秀郷だが、別の側面もあったようだ。

『伝説の将軍　藤原秀郷』の著書がある野口実・京都女子大名誉教授（71）は、秀郷について「将門と本来、同質の存在だった」とした上で、「何かのきっかけがあれば、秀郷と将門は歴史的評価の上でその立場を入れ替えていたかもしれない」としている。　（A）

藤原秀郷

子孫 中央・地方で活躍

——陸奥国の奥州藤原氏も

藤原秀郷が「中世東国武士の祖」と呼ばれるようになったのは、子孫が武門の継承者として中央や地方で活躍したことも大きい。

県立博物館主任研究員の山本亨史（たかし）さん（40）によると、都（みやこ）に上った秀郷の子孫は中央で軍事貴族となり、11世紀前半まで、ほぼ代々鎮守府将軍に任ぜられた。その後、紀伊国に経済的基盤を置き、「都の武者（むしゃ）」として活動した一族は佐藤氏を名乗り、僧侶、歌人で有名な西行が登場する。

地方に進出した子孫からは、陸奥国で平泉文化の栄華を誇った奥州藤原氏が生まれた。相模国の山内首藤（すどう）氏、波多野氏なども秀郷流とされる。

下野では、足利を本拠地とした藤姓足利氏が生まれ、後に佐野氏が分かれた。武蔵国に本拠を持った一族の大田氏からは小山氏が出て、そこから長沼氏、結城氏が分かれている。那須氏も秀郷の子孫とされる。

東国における秀郷ブランドは、大きな影響力を持っていた。鎌倉時代の歴史書『吾妻鏡』に、西行についてのエピソードが記されている。

西行は、出家前は鳥羽院の北面の武士として仕え、上皇の身辺警護を行った。出家後の１１８６年、平泉の藤原秀衡（ひでひら）に東大寺再建の資金を依頼するため、東北に行く途中、鎌倉に立ち寄った。それを知った源頼朝は西行を招き、秀郷流の武芸故実を深夜になるまで詳しく聞いたとされる。

「都育ちの頼朝にとって、東国武士に尊敬されていた秀郷について学んでおくことは、武士たちを束ねるために必要だったはず」と、山本さんは推察する。

では、秀郷以降、子孫たちは元

来の本拠地だった下野国と、どう関わっていたのか。

鎌倉幕府成立後の話だが、小山氏当主の小山朝政（ともまさ）が幕府側の問い合わせに対し、「秀郷が（軍事・警察を担当する）押領使に任ぜられて以来、数百年にわたり途切れることはなかった」と述べたと、『吾妻鏡』に記されている。また、「下野大介職（おおすけしき）（介は国府のナンバー2）は藤原藤成（ふじなり）（秀郷の曽祖父）以来、小山長村まで、ずっと絶えることがなかった」との記載もある。

いずれも小山氏の主張に基づくもので、今では、そのまま信用することはできないとする説が有力という。ただ、他の文献に出てくる子孫の言動などから、都で活動している間も一貫して下野に拠点を持ち続けた、と考える専門家はいるようだ。山本さんは「下野国での一族の影響力は、最終的に小山氏が継承したと考えられる」と話している。　（A）

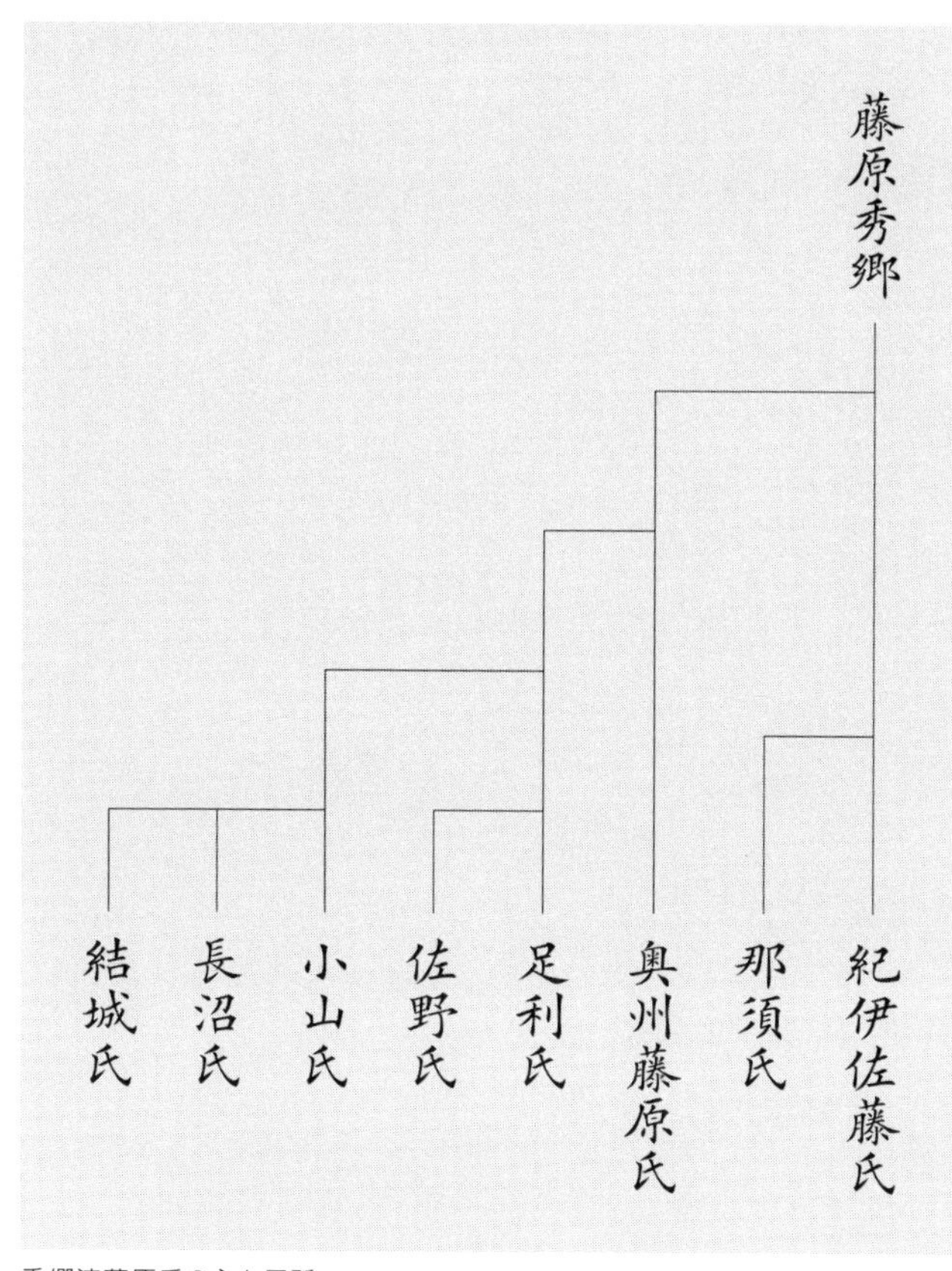

秀郷流藤原氏の主な子孫

秀郷の子孫である小山氏累代の墓所（小山市天翁院）

佐野市で行われている「さの秀郷まつり」

平安・鎌倉

頼朝方へ小山氏参陣

――妻の寒河尼が主導

鎌倉幕府成立には、下野武士団が大きく貢献していた。源頼朝が平家打倒に立ち上がったとき、当主に代わって下野から頼朝の陣に駆けつけた女性もいた。

平清盛との争いに敗れ、伊豆に流された頼朝は、1180年、ついに挙兵する。しかし、石橋山の戦いで敗れ、わずかな兵で海路、安房（現・千葉県南部）へと逃げ延びる。そこで、東国の武士たちに、平家方を破るため参陣するよう書状を出した。

小山寒河尼（森戸果香筆、栃木県立博物館蔵）

要請を受けた小山氏は、当主・小山政光が京都の皇居や院を守る大番役として在京中。妻の寒河尼は、当時14歳の末子の朝光を伴い、武蔵国隅田宿の頼朝の宿所にはせ参じた。

寒河尼は頼朝が幼い頃、比企尼などとともに乳母を務め、頼朝とは親しい間柄だった。感激した頼朝は、自ら烏帽子親となって朝光を元服させた。

「当時、乳母は養君が大人になっても従うのが通例。当主不在の中、寒河尼は家中の論議を主導し、頼朝方となるのを決めたのだろう」と、『小山氏の盛衰』の著書がある元県立高校長の松本一夫さん（63）は話す。決断の背景には、同じ下

思川東岸の土手に立つ「小山政光・寒川尼像」（小山市）

野で覇を競った藤姓足利氏や、隣国・常陸国の志田氏との対抗上という面もあったと、松本さんは考えている。

さて、富士川の決戦などを経て、頼朝は鎌倉に侍所（さむらいどころ）を置き、政権を立てた。それに加わらなかった常陸国の志田義広は、1183年、鎌倉攻めのために挙兵し、藤姓足利氏の足利忠綱などにも呼びかけて下野南部に侵攻する。いわゆる「野木宮（のぎのみや）合戦」だ。

小山氏は、志田軍に味方すると偽り、野木宮（野木町）に陣取った。志田軍が近づくと、小山軍の別動隊がときの声を上げて大軍がいると思わせ、相手が慌てたところを攻め立てた。合戦には、鎌倉方として、下野の武士のほか、下河辺、大田、八田氏、それに頼朝の弟の範頼（のりより）も参加し、志田軍を敗走させた。

この勝利により、関東で頼朝に敵対する勢力はなくなり、下野での小山氏の影響力も高まったとされる。その後、源義仲の追討を経て、小山氏は平家追討軍に属し、西国を転戦する。

平家滅亡後、頼朝は寒河尼に下野国寒川郡と網戸（あじと）郷（小山市）の地頭職を与えている。松本さんは「さして親しくなかった小山氏を、寒河尼が主導して頼朝方に付けた。これに頼朝が報いようとしたのだろう」と解説する。

寒河尼の決断で、小山氏は生き残り、その後の繁栄にもつながった。（A）

野木宮合戦が行われた場所の近くにある野木神社（野木町）

平安・鎌倉

宇都宮氏　頼朝が評価

——祖は三井寺の僧・宗円か

平家打倒に立ち上がった源頼朝への参陣を決断し、小山氏の運命を決めた寒河尼は、宇都宮氏の娘だった。今回は、小山氏と姻戚関係にあった宇都宮氏の動向を考えてみよう。

頼朝が東国の武士団に参陣を呼びかけたとき、3代宇都宮家当主、宇都宮朝綱は、寒河尼の夫、小山政光とともに、大番役として京都にあった。当時政権を担っていた平氏は、源氏に近い朝綱らを数年間、京都に留め置いたらしい。朝綱は親交のあった平氏の重臣、平貞能に取りなしを頼み、帰国後、頼朝に従っている。

野口実・京都女子大名誉教授（71）によると、宇都宮氏は、11世紀後半から奥州進出を意図した源氏に従って関東に来た三井寺（園城寺、滋賀県）の僧・宗円が祖と考えられるという。

宗円は在地勢力と積極的に婚姻政策を行い、地元の紀氏（益子）の婿となって宗綱をもうけたとされる。宗綱は常陸大掾・平棟幹の娘を妻に迎え、常陸国八田（茨城県筑西市）を名字地としたという。宗綱は京都で、上皇に仕える武者所の経験もあった。

その子の朝綱が初めて宇都宮氏を名乗り、京都で上皇に仕え、御所の門を警備する左衛門権少尉という当時の関東の武士としては異例に高い官職を得る。弟に鎌倉幕府御家人の八田知家がいる。

宗綱の娘とされる寒河尼は、京で近衛天皇に仕えた後で頼朝の乳母になったという。当時は武家の子弟の乳母は譜代の家人の家から出されていた。宗綱は頼朝の父・義朝の家人だったとみられることから、寒河尼が頼朝の乳母となっ

歴代当主の墓が並ぶ宇都宮家墓所と谷口さん（益子町上大羽）

た、と野口名誉教授は考えている。

頼朝の下で宇都宮氏の地位が確立するのは、1184年、「宇都宮社務職」に任じられてからだ。二荒山神社の神職であるとともに、下野国に広く及ぶ神領の支配権も得て、頼朝を支える有力御家人となる。

朝綱が頼朝軍に参加して戦に出た記録は89年の奥州藤原氏との合戦が初めてで、配下の益子、芳賀氏が活躍し、頼朝から源氏の象徴の白旗を下賜された。宇都宮氏に詳しい江田郁夫・宇都宮短大教授（62）は「奥州合戦にも見られるように、宇都宮氏は武力集団として高く評価されていた」と指摘する。

朝綱が開いた宇都宮氏の墓所は、茨城県境に近い益子町上大羽にあり、宗円から33代の墓が残る。現在墓所は、上大羽やまなみクラブの高齢者十数人が毎月1回清掃を行っている。谷口正己代表（87）は「地域の宝として守っている」と話している。（I）

宇都宮朝綱が創建した綱神社（益子町）

宇都宮朝綱が創建した尾羽寺を今に伝える地蔵院本堂（益子町）

平安・鎌倉

藤姓・源姓 二つの足利氏

―頼朝登場 藤姓足利氏滅亡

平安時代末、足利には二つの足利氏が存在した。藤原秀郷の流れをくむ「藤姓足利氏」と、源氏系の「源姓足利氏」だ。

話は少しさかのぼるが、この連載で小山氏を取り上げた際、藤姓足利氏の足利忠綱が登場した。1183年の野木宮合戦で、常陸国の志田義広が源頼朝を倒すために挙兵し、忠綱に味方になるよう誘った。しかし、志田軍は敗れ、藤姓足利氏の本家・忠綱も逃走、これにより藤姓足利氏は滅亡してしまう。一方の源姓足利氏は鎌倉幕府の有力者となり、後に子孫から足利尊氏が出る。

かつて足利には、源姓足利氏系と藤姓足利氏系がそれぞれ支配する「足利荘」が、並行して存在したとの説があった。しかし、群馬県立文書館古文書係長の須藤聡さん(56)は「実は同じ足利荘だった」と推論する。

須藤さんによると、先に足利へ進出したのは藤姓足利氏。中央で軍事貴族だった藤原秀郷の子孫の

藤姓足利氏が築いた城があったとされる両崖山（足利市）

一部が上野国（群馬県）に土着し、その子孫が11～12世紀に足利に入ったとされる。一方、武家の棟梁・源義家の子、義国が、12世紀に足利に関わり、その子の義康が源姓足利氏の祖となったという。

荘園は、開発領主が開発した土地の税などを逃れるため、有力貴族や寺社などへ土地を寄進してできたとされてきた。足利荘は、足利市から佐野市の一部に広がる荘園で、鳥羽上皇が建てた寺に寄進されている。成り立ちは、中央にコネクションがあった源姓足利氏が仲介者となり、主従関係にあった藤姓足利氏が開発した私領を上皇に寄進して生まれたと考えられるという。

その後、藤姓足利氏は現地で実務を行う下司職に、源姓足利氏は上位ポストの預所となり、「荘園経営を分業していた」と須藤さんは推測する。

しかし、両者の安定した関係は続かず、その後は対立。源姓足利氏の影響力が低下し、勢いを増した藤姓足利氏は「数千町」を領有する有力者となった。下野では、小山氏とともに「一国の両虎」と称せられた。

その藤姓足利氏も、頼朝の登場によって勢力をそがれていく。須藤さんによると、１１８１年、忠綱の父・俊綱は頼朝に討伐軍を送られ、家人に裏切られて殺害される。さらに、野木宮合戦では藤姓足利氏一族の佐野、阿曽沼氏などが鎌倉方についた。

この時、本家の忠綱は志田氏の誘いに「同意」したが、戦に加わったかどうかはっきりせず、蟄居後に山陰道を経て西海方へ去ったという。須藤さんは「勇猛な武将とされた忠綱も、ここまでくると、さすがに逃げるしかなかったのだろう」と話している。

（A）

源姓足利氏2代目義兼が建立した足利市鑁阿寺

義国・義康の墓がある鑁阿寺の赤御堂

平安・鎌倉

与一の存在　否定的意見も

——一族が伝承流布に一役

那須与一伝承館前に置かれた那須与一の銅像（大田原市）

関東を抑えた源頼朝は次に、京都に入っていた源（木曽）義仲（よしなか）の討伐を決意、弟の範頼（のりより）、義経と数万の軍勢を派遣した。栃木県史によると、この中には小山、小野寺、足利一族などの下野御家人も加わっていたという。

義仲を滅ぼした頼朝は、平家追討に着手する。一ノ谷の戦いを経て鎌倉に戻った範頼を1184年、追討使として改めて派遣。範頼軍には小山、阿曽沼、小野寺、八田など多くの下野御家人が加わった。しかし、兵糧不足などもあって平家軍に苦戦を余儀なくされてしまう。

ここで、京の警備に当たっていた義経が再登場する。義経は、攻撃目標を平家の本拠・屋島（香川県）に定め、舟で渡海して屋島御所を急襲。だが、平家軍は舟で海に逃れてしまった。

その時、海を隔てて対峙する両軍の間に、紅扇を掲げた平家方の小舟がこぎ寄せた。義経に命じられた下野御家人の那須与一が見事に弓矢で扇を射落とすと、両軍からやんやの喝采が起きた。平家追討で下野の武士が活躍する名場面。『平家物語』や『源平盛衰記』でも取り上げている。

実は、この那須氏には謎が多い。成り立ちは藤原道長の子孫説など諸説あるが、今は藤原秀郷の流れをくむ山内首藤氏の子孫説が有力。源氏が東北進出を図ったときに家人として下野に配置したとされる。

与一の存在も、歴史学者の間で否定的な意見がある。鎌倉時代の歴史書『吾妻鏡』には「扇の的」の話が書かれておらず、そこに至る与一の歩みや、活躍後の与一の動向についても、同時代の史料にないのは不自然などとされる。『那須与一の謎を解く』の著書がある野中哲照・国学院大教授（61）は「『吾妻鏡』の那須野の巻き狩りに登場する那須光助がモデルとなり、与一が形成されていったのではないか」とする。

県はかつて、イメージアップ戦略の一環として与一の総合的調査を行い、1991年に『那須与一

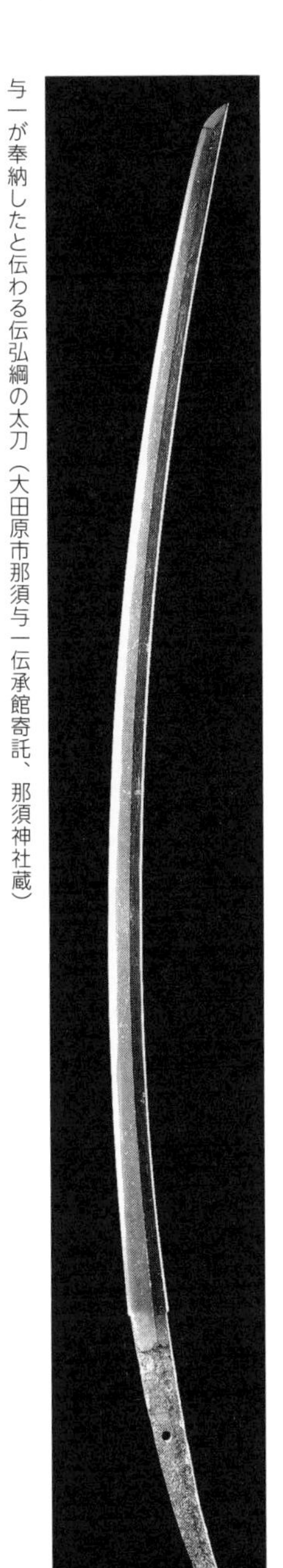

与一が奉納したと伝わる伝弘綱の太刀（大田原市那須与一伝承館寄託、那須神社蔵）

の歴史・民俗的調査研究』をまとめた。県内の伝承53件のほか、青森から宮崎まで県外37件の伝承が収録されている。

なぜ、与一の伝承がこれほど全国に広がったのか。当時の県立博物館学芸部長で総括責任者だった尾島利雄氏は調査報告で、『平家物語』を全国に伝えた琵琶法師の影響も考えられるとした上、このように分析した。「与一伝承の地には必ずと言っていいほど那須家一族が居住し、旧家として扱われていた。那須一族が、一族の誇りとして与一を神格化した。一族が与一伝承を流布するのに一役買っていたと考えられる」

（I）

小堀安雄筆「那須与一図」（大田原市那須与一伝承館蔵）

那須与一ゆかりの那須神社（大田原市）

平安・鎌倉

義経討伐で非業の死

——土佐房昌俊 老母残し

鎌倉幕府成立に向けて活躍した源義経は、悲劇の英雄として取り上げられる。この義経の討伐を命じられ、非業の死を遂げた下野ゆかりの武将もいた。

壇ノ浦で平家を倒し、京に戻った義経は、兄の頼朝の許可無く朝廷から左衛門少尉の官位を授かった。これに頼朝が激怒し、義経は釈明すべく平氏の捕虜を連れて鎌倉に向かうが、手前の腰越（神奈川県鎌倉市）で鎌倉入りを拒否された。

話を聞いてもらえない義経は、心情を手紙に託した。有名な「腰越状」だ。そして、「頼朝に恨みを持つ者は自分に付け」と言い残し、京に帰ったとされる。

兄弟の不仲の背景には、義経の独断的な行動や、戦の功績を自分一人のものにすることへの批判、戦に同行した梶原景時の讒言があったとされる。その後、京に帰ってからの義経の様子を知った頼朝は、義経の謀反を疑い、討伐を決意する。

強者の義経が相手とあって、い

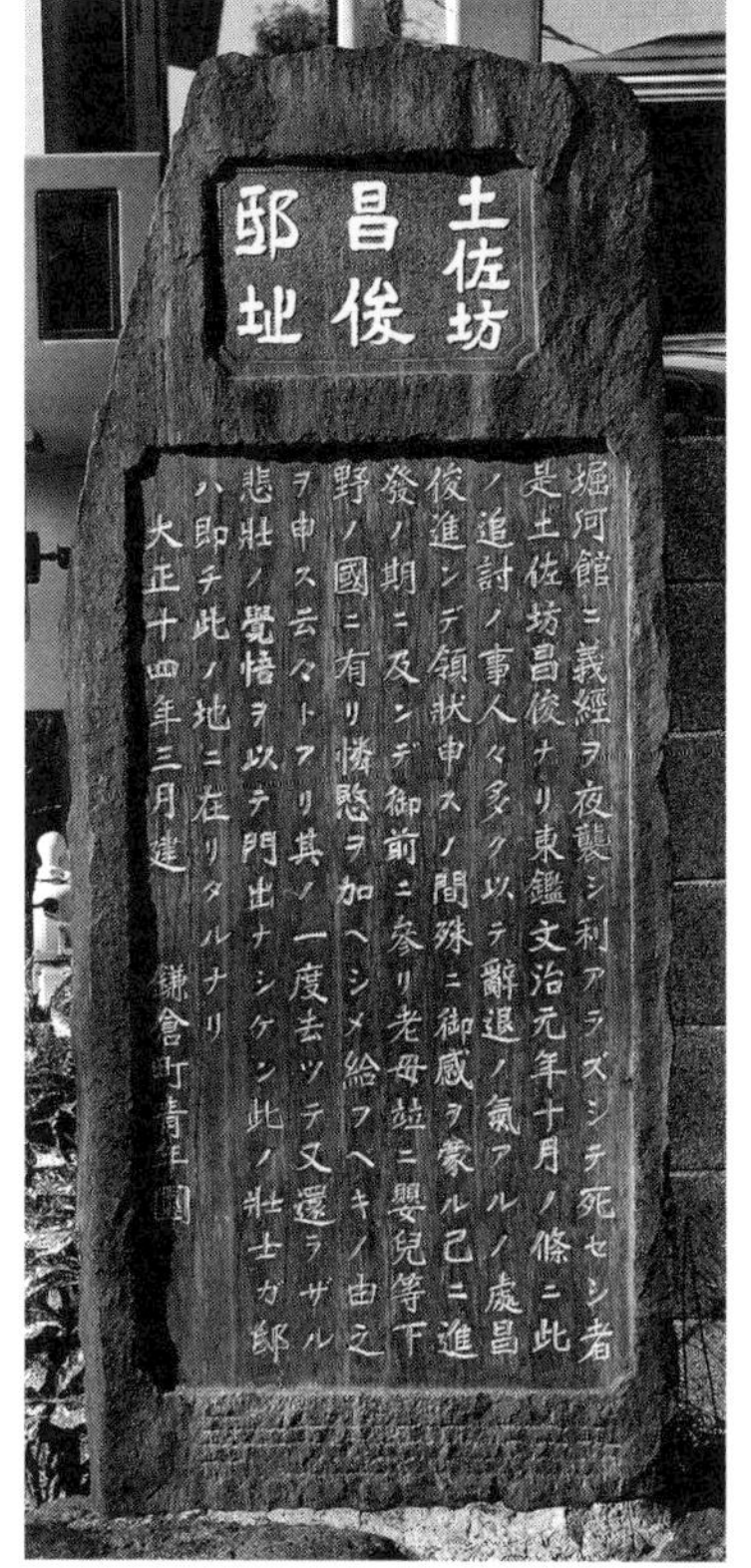

土佐房（坊）昌俊邸跡とされる場所に立つ石碑（神奈川県鎌倉市）

ずれの御家人も討伐に尻込みする中、手を挙げたのが土佐房昌俊だった。昌俊は生還は難しいと覚悟したのか、下野国にいる老母と幼児の保護を頼朝に頼み、頼朝は即座に下野中泉荘内（現・栃木市近辺）の所領を与えた。

京に入った昌俊は、六十余騎を率いて六条室町の義経邸を夜襲した。だが、抵抗を受け、相手に援軍が加わったため退散する。難を逃れた義経は、すでに頼朝追討の勅許を求めていた院御所に参上。院側は仕方なく、義経に頼朝追討宣旨を下し、すぐに事情を頼朝に報告するという対応を取ったとされる。

一方、昌俊は、潜伏して襲撃の機会をうかがったが、義経郎党に捕らえられ、六条河原で処刑された。その後、鎌倉から義経追討軍が出され、それを知った義経は京を脱出、最終的に奥州藤原氏に保護を求めた。

昌俊を哀れに思った頼朝は後日、昌俊の母親が下野山田荘から鎌倉に参上した際、心から慰めたという。

以上が、鎌倉時代の歴史書『吾妻鏡』が伝える内容だ。ただ、頼朝の刺客派遣を疑問とする意見もある。国学院大栃木短大の菱沼一憲教授（56）は、義経を処罰するなら、鎌倉に呼び戻せば済むとした上で、「土佐房らは当時、京周辺にいたと考えられ、義経が頼朝追討宣旨を受けた後、義経を敵と見なし、自分たちの意思で襲撃したのではないか」と推論する。

腰越状を書いたとされる満福寺（神奈川県鎌倉市）

下野に母を残して死んだ昌俊。その後、京都市下京区の冠者殿社にまつられたという。（A）

満福寺にある弁慶と義経の像

昌俊の母親のいた下野山田荘は、現在の栃木市大平町西山田を中心とした一帯とされる

平安・鎌倉

隆盛誇った下野小山氏

——朝政　幕府の宿老に

平家を倒した後の1189年、源頼朝は奥州藤原氏を攻めるため、大軍を率いて東北に向かう。その途中、宇都宮に立ち寄った。

下野国古多橋駅（宇都宮市下河原町付近か）に着いた頼朝は、宇都宮社（宇都宮二荒山神社）で戦勝を祈願。その後、宿で小山政光から食事を献上された。その際、頼朝は熊谷直家を「平家追討の際、命を懸けて戦った本朝無双の勇士」と紹介した。

すると、政光は「このような者は従える郎従がいないため、直接勲功に励んだのでしょう。私は郎従を派遣して忠を尽くすだけです」と言い、子息の朝政、宗政、朝光に「そういうことなら、自ら合戦を遂げて無双の称号を賜るようにしなさい」と命じた。頼朝は興に入ったという。

小山氏の力を示すエピソードだ。鎌倉時代に詳しい元県立高校長の松本一夫さん（63）は「場所が宇都宮なのに、もてなしたのが宇都宮氏ではなく小山氏だったのは、野木宮合戦などの活躍や、平安時代以来、下野の在庁官人筆頭だったことなどが理由だろう」と推論する。

小山氏はこの後も、奥州合戦、承久の乱と活躍し、各地に所領を得た。政光の嫡男、朝政が1230

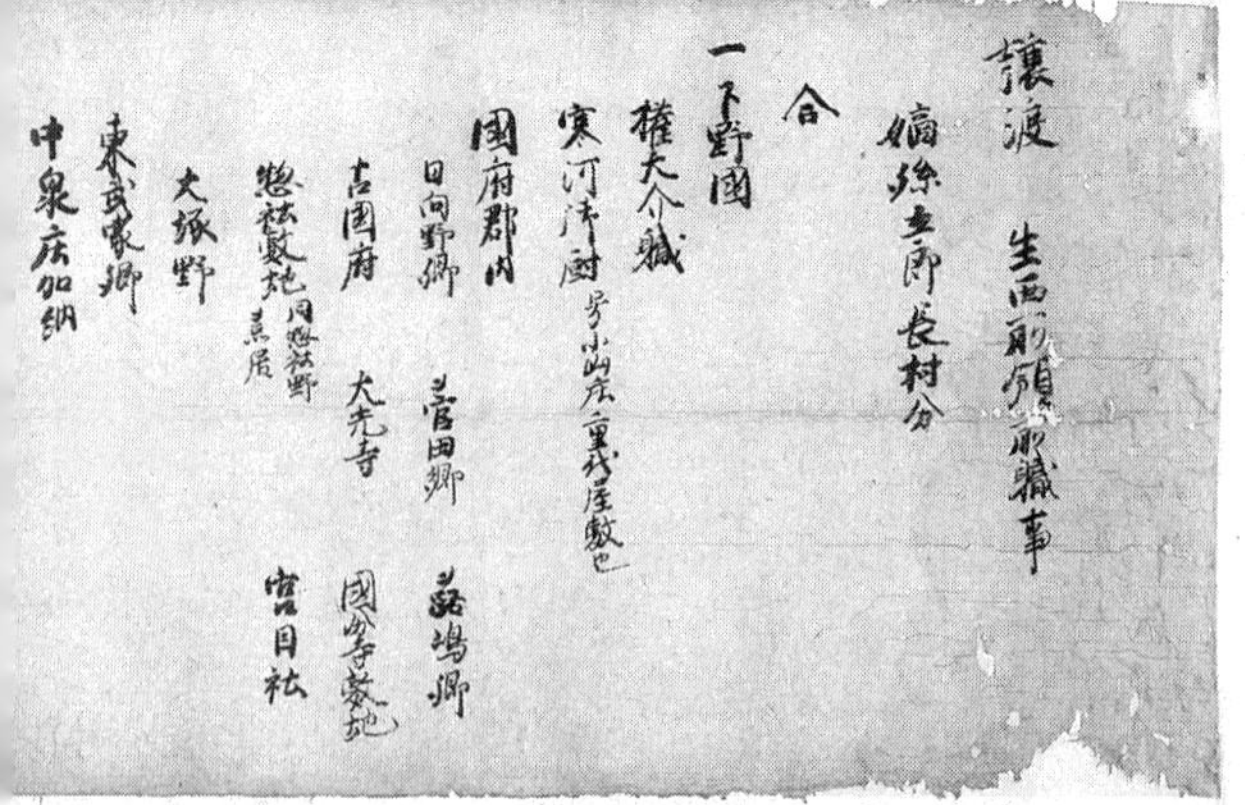
譲渡　生西所領所職事

嫡孫五郎長村分

合

一　下野国

権大介職

寒河御厨　号小山庄　重代屋敷也

国府郡内

日向野郷　菅田郷　蕗嶋郷

古国府　大光寺　国分寺敷地

惣社敷地　同惣社野　荒居　宮目社

大塚野

東武家郷

中泉庄加納

小山政光（森戸果香筆、栃木県立博物館蔵）

一 武蔵国
上須賀郷
一 陸奥国
菊田庄 加湯竃郷定
一 尾張国
海東三箇庄 除太山寺定
一 播磨国
守護奉行職
高岡庄
高岡北條郷
右件所領所職等、云先祖重代相伝、云将軍家之
御恩賜、知行無相違、然嫡男左衛門尉朝長先生
時譲与之処、早世畢、然朝長子息三郎以五郎
長村為嫡男、可令相継家業之由、平生之時令計
畢、仍任其趣、為長村嫡々相承、件所領所職
寺、云重代相伝證文、云将軍家代々御下文調度之
以所譲与也、但生西一期之間、可進退知行也、於没後
者任譲状、無他妨、長村可令領掌知行之状、所譲
渡如件
寛喜二年二月廿日
前下野守藤原朝政入道生西（花押）

小山朝政譲状（小山家文書、個人蔵）

年に孫の長村に所領、所職を譲った際に作成した譲状が伝わっている。それによると、所領は小山市と下野国府周辺を含む栃木市、下野市の国分寺付近、下野以外では武蔵国上須賀郷（埼玉県）、陸奥国菊田庄（福島県）、尾張国海東三箇庄（愛知県）、播磨国高岡庄（兵庫県）など。所職は、下野国権大介職と播磨国守護奉行職。

また、政光の他の子は、宗政が真岡市の所領を基盤に長沼氏となり、朝光は茨城県結城市を本拠に結城氏となった。

松本さんによると、小山氏の幕府内の格を知る資料として、京都の六条八幡宮造営にあたり、幕府が全国の御家人に費用負担を求めたリスト（1275年）がある。最も格式の高い東国の御家人120人余りの中で、北条一族や源氏一族の足利氏を除けば小山氏は9番目に名前が記載され、負担額は全体で6番目だ。「幕府内での位置は相当高く、所領規模もかなり大きかった」と松本さんは推測する。

小山氏のように格が高い御家人は、本拠である小山の他に、鎌倉と京都にも屋敷を持っていた。

朝政は84歳まで生きたとされ、最後は幕府の宿老として重きをなした。松本さんによると、鎌倉時代の歴史書『吾妻鏡』で、朝政の活動を伝える記事は、建久年間（1190~99年）だけで100点近くになるという。（A）

宇都宮二荒山神社（宇都宮市）

平安・鎌倉

下野の御家人に謀反の嫌疑

——結城、宇都宮氏 潔白訴え

鎌倉時代初期、幕府内で謀反が相次いで発覚した。陰謀もあったようで、有力御家人が次々と失脚した。下野の御家人は、巻き込まれなかったのだろうか。

源頼朝が亡くなった１１９９年のことだった。将軍御所の侍所で、結城朝光が烏帽子親の頼朝を思い、「忠臣は二君に仕えないと聞いている。出家しなかったことを後悔している」と語った。話を聞いた者は、皆涙をぬぐったという。

頼朝が平家打倒に立ち上がったとき、小山氏の末子だった朝光は、母親の寒河尼とともに頼朝のもとに駆けつけた。「それ以来、頼朝の信頼を受け、近臣として仕えた」と、『下総結城氏』の執筆者の一人で、県立文書館勤務の荒川善夫さん（68）は話す。

そして、その２日後。北条政子の妹、阿波局が朝光に告げた。「『忠臣は二君に仕えない』と言ったのを梶原景時が聞き、『今の世をそしった』と言上した。そなたは誅殺されようとしている」

朝光は狼狽し、悲嘆にくれ、親しい三浦義村に相談した。義村は「景時の讒言によって命を落としたり、職を失ったりした者は数え切れない。世のため、君（２代将軍頼家）のためにも景時を退治しなければならない」といい、和田義盛と安達盛長に相談、連名の訴状を作ることにした。

66人の名で書かれた訴状を見た将軍頼家は、景時に釈明を求めた。しかし、景時は弁明できず、審議の結果、景時は鎌倉を追放され、一族とともに滅ぼされた。朝光は窮地を救われた形だが、専門家の間には、侍所別当として御家人たちに影響力のあった景時を葬るため、北条氏側が仕組んだ陰謀という見方もある。

5代宇都宮家当主の宇都宮頼綱（よりつな）も、1205年に謀反の嫌疑をかけられた。頼綱は謀反を否定する書状を執権北条義時に提出。宇都宮氏討伐を命じられた小山朝政も、討伐を断った上、頼綱の書状に文を添えている。しかし、信用してもらえず、頼綱は潔白の証しとして頭を丸め、義時の邸宅を訪ねた。それでも対面できず、朝政の弟の結城朝光に髻（もとどり）を献上し、朝光がそれを届けたという。

結城朝光像（森戸果香筆、栃木県立博物館蔵）

義時はようやく受け入れ、頼綱は罪を問われることなく出家の道に入ったとされる。宇都宮氏に詳しい宇都宮短大教授の江田郁夫さん（62）は「そもそも、謀反はぬれぎぬだったろう。頼綱の重ねての誠意を義時も認めざるを得なかった。小山氏兄弟も、自分たちに累が及ぶ危険があったのに、頼綱に力を貸した。両者の関係の深さがよく分かる」と話す。（A）

平安・鎌倉

八田知家と阿野全成事件

――頼家失脚後は引退・出家か

北関東の武士の中で唯一、鎌倉殿の13人に加わったのが八田知家だった。今回は、その知家が関わった阿野全成（ぜんせい）事件について考えてみよう。

源頼朝が亡くなって4年後の1203年、頼朝の異母弟の全成が、謀反の疑いで捕らえられた。将軍頼家から派遣された比企時員は、北条政子に対し、全成の妻で政子の妹の阿波局を尋問するため引き渡しを要求。だが、政子はそれを拒否した。その後、全成は知家が守護となっていた常陸国に流され、頼家の命を受けた知家によって下野国で処刑された。

鎌倉時代の歴史書『吾妻鏡』は、事件の経緯を簡単に記すが、鎌倉時代に詳しい茨城大の高橋修教授（58）は「事件は、梶原景時追放に対する報復ではないか」と推測する。

前回の梶原景時の話を思い出してほしい。結城朝光が頼朝を思い、「忠臣は二君に仕えず」と言ったのを景時が言上し、朝光に謀反の疑いがかかる。それを阿波局が朝光に伝え、驚いた朝光が三浦義村に相談すると、景時弾劾に発展した。当時、将軍頼家を支える頼家派と、頼家の弟実朝の擁立を目指す全成、阿波局ら反頼家派が対立。頼家側近の景時の追放は、反頼家派の策略とする説がある。

それに対し、全成の処刑という形で頼家派が反撃に出たと、高橋教授は考えている。直後に、知家が筑後守に任官されたのは、その論功行賞だったとされる。

では、知家はどんな立ち位置だったのか。3代宇都宮家当主の宇都宮朝綱の弟で、姉妹には小山政光に嫁いだ寒河尼がいる。野木宮合戦、平家討伐では、鎌倉方として小山氏らと一緒に戦い、栃木県史は下野御家人の一人として扱っている。その後、本拠とする常陸国で、謀略を使ってライバルを倒し、領地を広げたとされる。

一方で、若い頃から京武者として勤め、京都での作法に通じ、人脈が広かった。鎌倉の自宅には、京から来た客がよく立ち寄ったという。高橋教授は「知家はむしろ貴族社会に通じた都の武士という印象」という。全成事件の時は頼家派で、実朝が鎌倉殿になると引退・出家に追い込まれたと考えられる。小田氏の祖となり、子から茂木氏も生まれた。

さて、下野国の全成殺害現場だが、益子町の宇都宮家の菩提寺近くとされ、「大六天の森」（益子町上大羽）に全成とその従者のものとも伝えられる二つの五輪塔がある。訪れると、静かな木立の中、誰が供えたのか、五輪塔前に日本酒が3本、そっと置かれていた。（A）

阿野全成とその従者のものとも伝えられる五輪塔（「大六天の森」益子町上大羽）

五輪塔の言い伝えを記した看板（益子町上大羽）

五輪塔は農地に囲まれた場所にある（益子町上大羽）

平安・鎌倉

歌人・頼綱と宇都宮歌壇

——京都の定家と親交

わかころも
てはつゆに
ぬれつつ

あきの
秋の田の
かりほの庵の
苫をあらみ
わが衣手は　露にぬれつつ
訳　秋の田の稲を納める仮小屋の屋根にふいている苫の目が粗いので、張り番をしている私の袖は、露にしきりに濡れることだ。
天智天皇
う-1

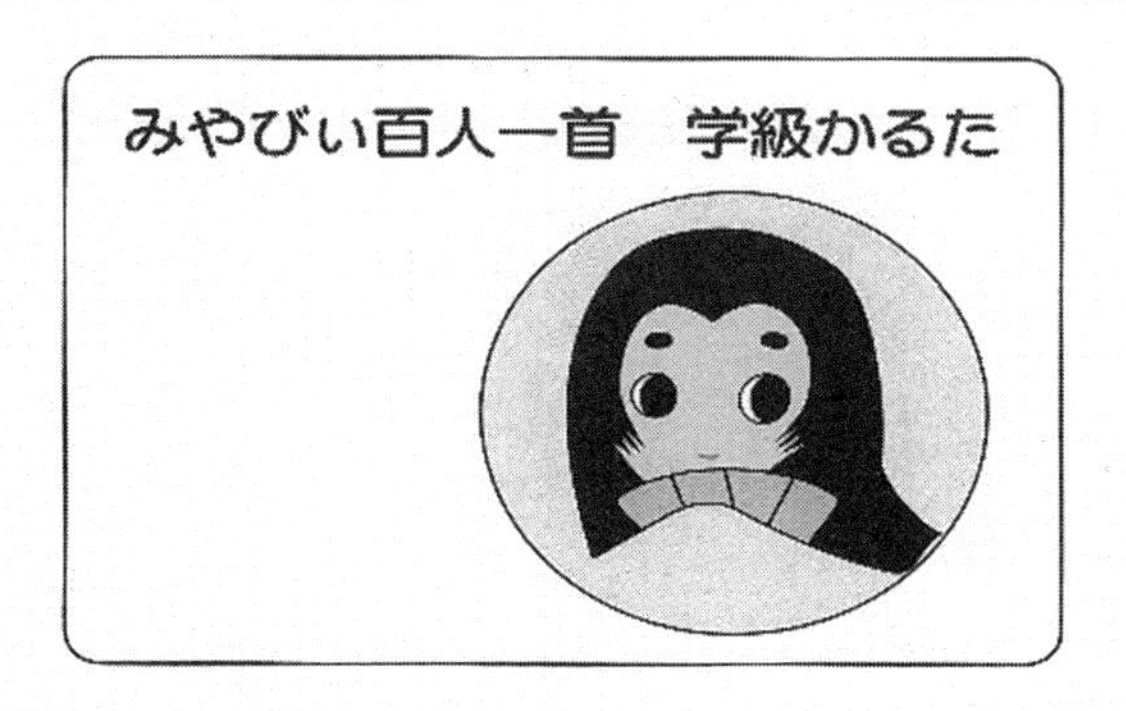

宇都宮市で使われている「みやびぃ百人一首学級かるた」

鎌倉幕府から謀反を疑われ、潔白の証しとして出家した5代宇都宮家当主の宇都宮頼綱。今回は、頼綱のその後と宇都宮の発展ぶりに焦点を当ててみよう。

頼綱は出家後、「蓮生」と名乗り、宇都宮、鎌倉、京都に住んだ。京都・嵯峨では小倉山山麓に中院山荘を構え、『新古今和歌集』の選者・藤原定家と親交を結んだ。和歌を通じ深い交流があったようで、頼綱の娘を定家の息子に嫁がせてもいる。

当時、神社・仏閣、自宅のふすまに和歌を書いた色紙を貼ることが流行していた。蓮生の依頼を受け、定家が中院山荘の障子色紙に和歌を選んで書いて送ったのが、

うつのみや百人一首市民大会（2022年11月）

「小倉百人一首」の原形といわれている。

蓮生自身も歌人として才能を発揮し、一族からも多くの歌人が出た。蓮生らが作った「宇都宮歌壇」は、京都、鎌倉と並んで鎌倉時代の三大歌壇といわれる。また、一族の歌人の和歌を中心にした歌集『新和歌集』も作られた。『百人一首の現在』の編著者、立正大の渡辺裕美子教授（61）はその質を「かなり高い水準だった」と話す。

宇都宮市は現在、こうした故事をもとに「百人一首と和歌の都」をアピールし、毎年、「うつのみや百人一首市民大会」を開いている。渡辺教授は「百人一首ほど知られている和歌集はない。当時の宇都宮の文化水準の高さが、百人一首誕生のきっかけを生んだということを知ってほしい」と話している。

一方、その当時の宇都宮は、交通の要衝、宗教都市として発展した。人口は1万人近くいたと推定され、宇都宮短大の江田郁夫教授（62）は「東日本では鎌倉に次ぐ人口規模だった」と話す。

鎌倉幕府の基本法典「御成敗式目」にならい、1283年に成立した宇都宮氏の家法「宇都宮家弘安式条」によると、鎌倉から陸奥国にいたる奥大道が中心部を通り、上河原、中河原、小田橋など多数の宿があった。宇都宮明神（宇都宮二荒山神社）の門前にあたる「宮中」には、多くの屋敷や町家が並んでいた。

江田教授によると、式条には、奥州の馬の隊商とみられる「駒牽」に関する労働者提供の規定があり、馬が頻繁に到着していたという。全国有数の馬産地・東北から鎌倉、京都へと至る中継地点として宇都宮は繁栄した。奥州の産物は、馬以外にも金や鷲羽などがあったとみられている。

宇都宮領内では、複数の場所で月3回の「三斎市」が開かれ、いわゆる市場税が宇都宮氏を潤した。江田教授は「この経済力が鎌倉幕府の重臣としての基礎を固め、定家など都の貴族との交流を支えた」と考えている。

（I）

蓮生法師の墓（宇都宮市清巌寺）

平安・鎌倉

北条と親密になる足利氏

——婚姻重ね 次ぐ地位に

鎌倉幕府に続き、本県ゆかりの足利尊氏が室町幕府を開く。その尊氏を生んだ足利一族は、鎌倉時代をどう生き抜いたのだろう。

源頼朝が平氏打倒に立ち上がったとき、2代足利家当主の足利義兼は、比較的早く頼朝陣営に加わったとされる。武家の棟梁・八幡太郎源義家の流れをくむ同族として、保元の乱（1156年）では、頼朝の父義朝と義兼の父義康は対等の地位で参陣している。その嫡子である義兼が早々に頼朝のもとに参じ、頼朝の大きな支えとなったようだ。

もともと、頼朝の母と義兼の母は、おばと姪という関係だった。頼朝はさらに、自分の妻・北条政子の妹、時子を義兼の妻とするよう取りなし、義兄弟ともなった。

義兼は平家討伐や奥州合戦に参陣して戦功を挙げ、幕府内では「門葉」として御家人の上位に立ち、足利氏の地位を確立する。ところが、1195年を境に、鎌倉時代の歴史書『吾妻鏡』に義兼の名前が出てこなくなる。『足利尊氏と関東』の著書がある明治大の清水克行教授（51）は「この頃、出家したと考えられる」という。

鎌倉幕府成立後、頼朝は他の源氏一族を御家人と同列に位置づけようとし始め、従わない一族を厳しく断罪した。義兼の出家は、義経排除で見られたように、肉親にも容赦しない頼朝を恐れたからと、清水教授は考えている。

出家後、義兼は「鑁阿」と称して足利に住み、館内に持仏堂を建てた。これが後に鑁阿寺に発展する。また、奥州合戦の戦勝を祈願し、足利に広大な浄土庭園を持つ樺崎寺を建立した。

嫡子の義氏も、幕府の実権を握

木造足利義兼坐像（足利市鑁阿寺蔵）

った第3代執権北条泰時の娘を妻に迎え、執権政治に協力。承久の乱（1221年）では、北条時房、泰時らとともに東海道大将軍として京に上り、戦いに貢献した。上総、三河の2か国の守護職を有し、北条氏に次ぐ地位を手に入れた。義氏の嫡子泰氏も泰時の孫娘を迎えるなど、北条氏との結びつきはさらに強固となる。

第5代執権北条時頼と義氏の親密な関係は兼好法師の『徒然草』にも描かれた。それによると、時頼から「足利の染物」をねだられた義氏は、時頼の前で女房たちに小袖に仕立てさせて献上したという。

清水教授は、この時代の足利氏について「名門の源氏一族であり、北条政権は御家人をまとめるため、重要な位置を与えた。だが、足利氏は北条氏にたたかれないよう、出過ぎず、つかず離れずの微妙な距離を保った」と説明する。（A）

発掘調査後、庭園跡などが再現された樺崎寺跡（足利市教育委員会提供）

鎌倉時代初期は源頼朝の邸宅に幕府が置かれた。大倉幕府跡として石碑がある（神奈川県鎌倉市）

伝北条時子姫五輪塔（足利市法玄寺）

平安・鎌倉

足利分家　全国に勢力

——所領経営　組織的に管理

鎌倉時代、足利氏から多くの分家が生まれ、新たな家名を名乗った。今回は全国に広まった足利一族と、足利氏を支えた経済基盤について考えてみよう。

『栃木県史』などによると、2代足利家当主の義兼の兄、義清から仁木、細川氏が分かれ、義兼の子、義純は、滅ぼされた畠山氏を引き継いで再興畠山氏となった。第3代義氏の子、長氏から吉良、今川氏が、第4代泰氏からは、斯波、渋川、石塔、一色、上野、小俣、加子（古）氏などが分立した。

これら諸氏は、足利氏から所領を分割相続し、または畠山氏のように別途獲得した。仁木、細川氏は三河国額田郡（愛知県）の仁木、細川郷を本拠地とし、吉良、今川、一色氏は三河国吉良荘、斯波氏は奥州斯波郡（岩手県）、加子（古）、小俣氏は足利荘内の地を名字地としている。

彼らのうち早期に分かれた仁木、細川、畠山、吉良各氏や、斯波、渋川氏などは、御家人として鎌倉幕府に出仕した。ただ、所領を受けた以上、足利氏の影響下にあったとされる。

室町幕府成立に向け、これら諸氏が戦に加わり、その後、各地に守護大名として配置された。今川氏は駿河と遠江、渋川氏は肥前や備前など、細川氏は畿内や四国など、畠山氏は越中、河内、紀伊などの守護大名になった。家格が高いとされた吉良氏は、室町幕府の要職に就いた。今川、吉良氏は後に、同じ三河国出身の徳川家康と深い因縁を持つことになる。

一方、『栃木県史』や『足利市史』などによると、鎌倉時代後期、足利氏は各地にある所領経営のため、所領を三つに分け、それぞれ奉行人

- ①義康（足利祖）
  - 義清（仁木・細川祖）
  - 義長
  - ②義兼
    - 義純（畠山・若松祖）
    - 義助（桃井祖）
    - ③義氏
      - 長氏（吉良・今川祖）
      - ④泰氏
        - 家氏（斯波祖）
        - 兼氏（義顕）（渋川祖）
        - ⑤頼氏
          - ⑥家時
            - ⑦貞氏
              - ⑧尊氏
        - 頼茂（石塔祖）
        - 公深（一色祖）
        - 義弁（上野祖）
        - 賢宝（小俣祖）
        - 基氏（加古祖）
  - 義房

足利氏略系図

を置いて管理した。奉行人は現地には赴かず、鎌倉の足利氏の政所（まんどころ）にいて、現地の責任者が田植え、用水、開発などの指導や管理、徴税などを行った。多くの郷に細分化された地域には公文所（くもんじょ）という経営組織を置き、所領内を統括させた。

主従関係を結んだ被官には所領、所職を与え、特別な事情がない限り、没収しなかった。このため被官は、所領を子孫に伝承することができ、地域に深く根ざせたようだ。戦時になると彼らを軍勢として編成し、事に当たったという。

宇都宮短大の江田郁夫教授（62）は「有力な分家一族と、組織的な所領経営による財力は、御家人の中で抜きんでていた。これらを背景に、足利氏は雄飛した」と説明する。（A）

足利義兼の長男である義純が、母・北条時子の菩提のために創建した法玄寺（足利市）

鑁阿寺は義兼が邸内に持仏堂を建て、義氏が堂塔伽藍を建立し、足利一門の氏寺としたとされる

平安・鎌倉

下野国府移転先の謎

――14世紀までの小山氏居館　不明

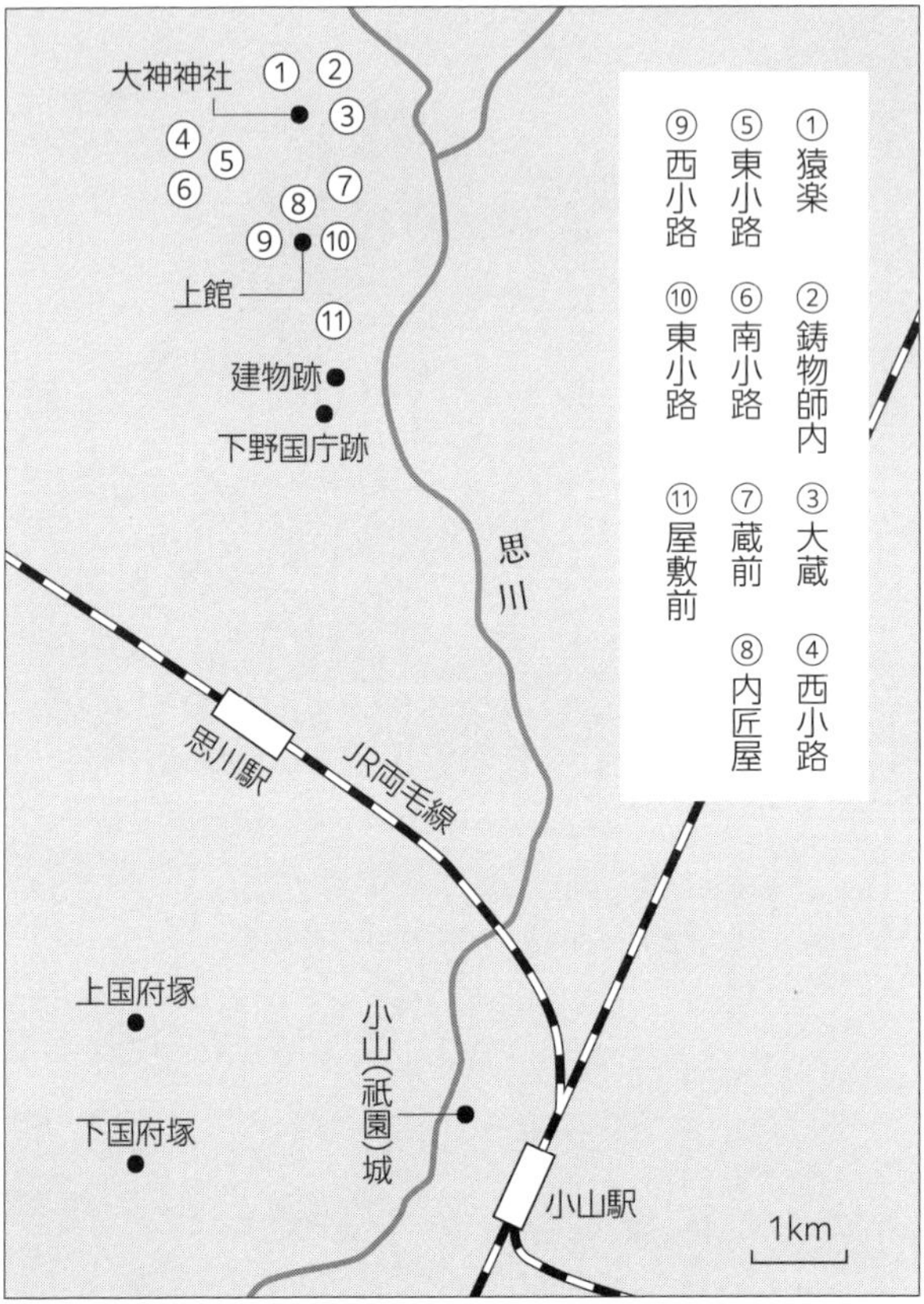

下野国府の周辺図

古代以来、下野国の政治経済の中心だった下野国府。県教育委員会の発掘調査で、中心部の国庁は8〜10世紀、栃木市田村町の宮野辺神社周辺にあったことが確認された。では、その後はどこに移ったのだろう。

実は、この謎に多くの専門家が頭を悩ませてきた。最初に移転場所を推定したのは国学院大の小川信教授（故人）だった。小川教授の著書『中世都市「府中」の展開』から、まず国府を取り巻く当時の状況を考えてみよう。

一般的に、律令体制が崩れると諸国の国庁や付属の官舎、倉庫群の維持、再建ができなくなった。国守も赴任しなくなり、代わりに派遣された目代は有力在庁官人と組み留守所を構成。その下で多数の在庁官人が文書管理や租税収納、兵士の詰め所や手工業製品の工房などの管理運営を行った。仕事は彼らの屋敷で行われ、屋敷群が国庁と呼ばれるようになったという。

組織の実権を握ったのは、東国では地名プラス「介」、国名プラス「大掾」などと名乗る土着の最有力者が多い。下野国では藤原秀郷以来この地に住み、在庁官人筆頭だった一族（後に小山氏）が、彼らの居館「介の館」で政務を行ったと考えられるという。

では、介の館はどこにあったのか。県教委の調査で、国庁の北200メートルに11世紀まで政務に使ったと見られる建物跡があった。小川教授はそこを経て、古代の国庁跡と、惣社である大神神社との中間に位置する場所——地番表示でいう栃木市田村町字上館に移ったと推定した。上館周囲の東小路、西小路、屋敷前という字名は家臣が住んだ侍町、その北側の内匠屋、蔵前は倉庫群や工匠の住居地区、大神神社周辺の大蔵、鋳物師内などは在庁官人の住居や倉庫群、技術者集団の居住地区があったとした。

鎌倉時代に一帯を支配していた小山氏が下野守護に任ぜられると、介の館は守護所ともなった。当時、下野国府の領域は「府中」と呼ばれ、小川教授は東西6キロの都市空間があったと考えた。その後、一部の機能は同じ思川西岸の小山市上国府塚、下国府塚に移り、最終的に全機能は思川東岸で小山市中心部の

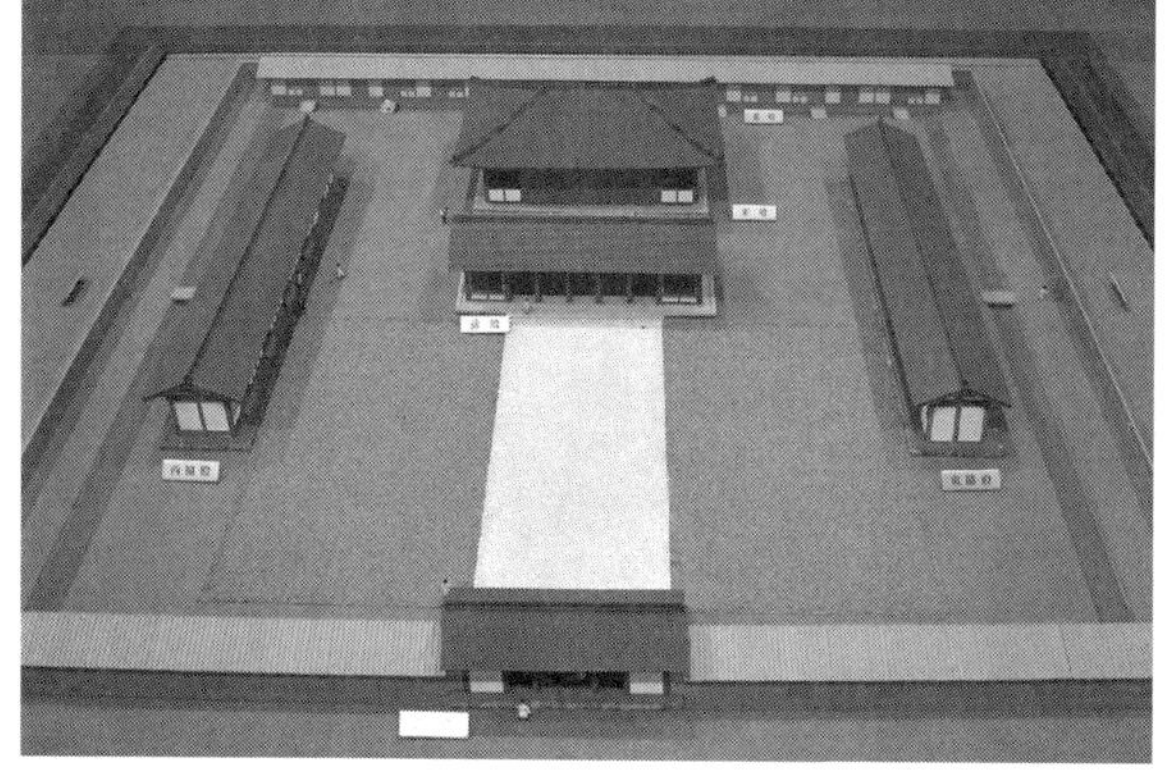

下野国庁の模型（栃木市下野国庁跡資料館）

小山氏の城に移ったと推測する。

　これに対し、上館は地形地名とし、早い段階で小山市中心部の館に移ったとする説（例えば長福城）、国庁北200メートルに移った後、国庁と介の館が合体した形で同市上国府塚、下国府塚に移ったとする説がある。いずれも確証はなく、結論は出ていない。

　小山氏に詳しい元県立高校長の松本一夫さん（63）は「小山氏は12世紀半ばに武蔵国から小山に移り、小山を名乗ったとされる。しかし、14世紀までの居館は未発見で、これがこの間の介の館や守護所の特定を難しくしている」と話す。謎が解ける日が来ることを期待したい。（A）

下野国府はどこに移ったのか。小山市の2022年度調査で、長福城の下に前代の遺構が見つかった

番外編

金太郎モデル栃木県にゆかり？

――下毛野公時　平安時代に実在

まさかりかついできんたろう～。こどもの日が近づくと、頭に浮かぶ童謡「金太郎」。実はこの金太郎、平安時代に実在した下毛野公時（しもつけののきんとき）という人物がモデルという。名前からすると、本県と何か関係があるのだろうか。

金太郎といえば、足柄山でクマと相撲を取ったことで有名だ。でも、昔話で描かれたその後を知る人は少ないかもしれない。

物語では、金太郎は摂津国を治めた源頼光の家来となって京に上り、坂田金時と改名して頼光四天王の1人となった。当時、鬼の頭目、酒呑童子（しゅてんどうじ）が都に来ては若い男女を誘拐する事件が起き、頼光と四天王が見事に退治する。こうした活躍ぶりから、金太郎は桃太郎と並ぶ日本昔話のヒーローに位置づけられる。

では、金太郎のモデルとされる下毛野公時は、何者なのか。下毛野氏に詳しい下野市教育委員会文化財課長の山口耕一さん（59）によると、11世紀初め、近衛府で歌舞、騎射、相撲使を務めて「第一人者」といわれ、宮中や藤原道長の警備も担当した下級官人だった。「今風に言えば背が高くてイケメン。18歳で亡くなった後も、宮中の女官たちに人気が高く、長く語り継がれた」と山口さん。

公時は、時間をかけて徐々に金太郎へと伝説化したようだ。国立歴史民俗博物館の研究報告書『下毛野公時と金太郎伝説の成立』（1992年、川島茂裕）や静岡県小山町の『小山町史』によると、公時が亡くなって約100年後に成立したとされる今昔物語集で、公時が頼光の郎等として登場するが、この時は四天王はまだ結成されていなかった。鎌倉時代の古今著聞集で、頼光と四天王による鬼同丸誅伐の話が収録され、後の鬼退治の原形となる。

そして、中世末期頃までに成立した御伽草子で、頼光と四天王による鬼退治伝説が生まれた。ただ、金太郎が足柄山で誕生したという部分は、江戸時代初期の前太平記から取り入れられた。

金太郎は栃木県に関係がある？（栃木市の人形店「三桝屋本店」にて）

さて、最初の疑問「下毛野公時は本県と関係があるのか」に戻ろう。下毛野といえば、本県では飛鳥時代に中央の役人として活躍した下毛野古麻呂がいる。古麻呂は、下毛野国の国造と考えられる下毛野一族の出身とされ、大宝律令の編さんに参加。兵部卿、式部卿など国の要職に就いた。

山口さんによると、公時はこの下毛野一族の関係者と考えられる一方、平安時代、東北地方から各地に強制移住させられた人々の受け入れ窓口的な役割を下野国が担っており、その中に下毛野を名乗った人も多いという。この時代の近衛官人は、武芸に秀でた東北出身の下毛野氏と推測する意見もある。現段階では「下野ゆかりの人物の可能性もある」にとどまりそうだが、読者の皆さんはどう考えるだろう。（A）

酔いつぶれて眠っている酒呑童子を斬りつけようとする坂田金時。金太郎のモデルとも言われる（歌川国芳「源頼光以下六勇士、鬼退治之図」部分、東京都立中央図書館特別文庫室蔵）

わが町歴史館①——太田城

太田氏代々の居城か

——秀郷由来の地？　専門家注目

鎌倉時代に下野守護となった小山氏は、武蔵国の太田氏から分家したというのが定説だ。しかし、栃木市藤岡町太田の太田城跡には、昔から太田氏が代々、居城としたとの伝承が残る。元茨城大非常勤講師が最近、この伝承に注目している。

小山氏は、平安時代に平将門を討った藤原秀郷が先祖とされる。秀郷の子孫は中央で軍事貴族となって鎮守府将軍などを務め、その後、各地に分かれた。

太田氏を巡る定説では、古利根川沿いの武蔵国太田（大田）郷を開発するため、11世紀に子孫の行尊が下向し、代々太田氏を名乗った。12世紀半ばになって、太田氏の子の一人・政光が小山に移り、名字の地にしたという。この説は、明治時代の大日本地名辞書などに紹介されている。

太田城跡については、明治時代に地域事情をまとめた『三鴨誌』に説明がある。それによると、太田城は秀郷の子孫兼光が築き、その後、行尊も含め5代にわたって住んだ。政光が小山に城を造り、移ったと記されている。定説と違っているため、専門家の間で疑問視されてきた。

元茨城県立歴史館首席研究員で、元茨城大非常勤講師の内山俊身さん(69)は、この伝承に注目し、「栃木市藤岡町太田は秀郷以来の土地だったとも考えられ、伝承通り子孫が太田城にいた可能性もある」と推論する。

その理由として、太田城の南隣の大前地区には、河川を起源とする砂鉄を使った古代の製鉄工場跡が密集し、近くには古代の官営牧場「朱門馬牧」があったことを挙げる。平安時代の武士にとって鉄製武器と馬は必需品だ。太田城は当時の幹線道路「東山道」に近く、利便性も高い。歴代、押領使として警察の役割も担ったとされる一族には、うってつけな場所だ。

埼玉県久喜市の『久喜市史』によると、最初に武蔵国に下った行尊は、下野国介とされる。介は国司の中ではナンバー2で、下野国との関係はあったはずだ。また、開発した地域を12世紀に荘園化し、太田荘としたと推定されるが、拠点となった館の場所は分かっていない。太田氏も鎌倉初期、事件に関係したとして幕府に太田荘を没収され、滅亡してしまう。

小山氏の子孫、小山文子さん（小山市在住）は、内山さんの説を支持。「下野国府の在庁官人だった先祖が、埼玉から来たというのはおかしい」とする。内山さんは「今のところ定説を覆す確証はないが、太田城に注目すべきだ」と話す。

伝承を信じれば、①太田氏の本拠は太田城で、南に開発を進め太田荘を造った②逆に、太田荘を本拠とした太田氏が、下野の拠点として太田城を造った——と2通りの推測ができる。

小山氏に詳しい下野市教育委員会文化財課長の山口耕一さん（59）は「会社に例えれば、下野で創業した会社が各地に支社や支店を出した。時代によって本社機能は移ったかもしれないが、下野の本店は形を変えて続いたとも解釈できる」と話す。

さて、読者の皆さんはどう考えるだろう。（A）

太田城跡付近にある神社。かつて近くに土塁があったとされるが、今でははっきりしない（栃木市藤岡町）

わが町歴史館② ― 九尾狐

妖狐 那須で「殺生石」に

―伝承 後に草紙や能へ

年間400万人以上が訪れる観光地・那須町。那須湯本にある「殺生石」が2022年に割れ、世間の関心を集めた。九つの尾を持つ金毛の「九尾狐」とあわせて、物語となったいきさつを紹介しよう。

平安時代、インドや中国で王妃に化けて国を混乱させた妖怪狐が日本に渡り、玉藻前という鳥羽上皇の寵妃となっていた。上皇が病に伏せるようになり、陰陽師が怨霊退散を祈ると、玉藻前は正体を現し、九尾狐となって消えてしまう。

その後、九尾狐は那須野に現れて治安を乱した。上皇は三浦介義明、上総介常胤という関東の武将に退治を命じる。2人は狐を追い詰めるが、黒羽の篠原（現・大田原市蜂巣付近）で見失った。池の水面に映る狐の姿を見た三浦介は、サクラの木の上に止まっていたセミが正体と見破り、矢を射って九尾狐を退治した。

約200年後、那須湯本で殺生石となっていた九尾狐は、毒気を吐いて人々を困らせていた。そこを訪れた禅僧の玄翁禅師が、祈念して霊を調伏したという。玄翁禅師は、那須地方を治めていた那須氏に招かれて泉渓寺（那須烏山市）を開いたとされ、同寺の縁起では、1385年、殺生石を杖で3度打つと、石は三つの火の玉になって飛び散ったという。

実は、前段の武将による退治話は、室町時代に成立したとされる『玉藻前草紙』で描かれた。殺生石の調伏の話は、その後に作られた能の「殺生石」で取り入れられた。

那須地方の伝承に詳しい木村康夫・那須文化研究会長（72）は「九

尾狐退治の起源は、源頼朝が鎌倉幕府を開いて最初に行った大軍事演習那須野巻き狩りにある」とする。朝廷中心から武士の時代への変わり目で、「鎌倉幕府の成立に力のあった三浦氏などを、象徴的に登場させたのでは」と木村会長は考えている。殺生石の話は「武士階級に普及していた禅宗の功徳を強調した」という。

江戸時代の俳人・松尾芭蕉は1689年、奥の細道の旅の途中で、黒羽の篠原や玉藻前の墓を探し、その後、殺生石に向かっている。殺生石は「おくのほそ道の風景地」として、国の名勝指定を受けている。

木村会長は10月から1年間にわたって、地元の生涯学習講座でこうした話を披露する。講座を主催する那須シニアカレッジの渡辺光男代表（83）は「地元の伝承をテーマにすることで、古くからの住民と新住民に那須町の歴史への共通認識を持ってほしい」と話している。（I）

九尾狐が討ち取られたと伝わる鏡が池の解説をする那須文化研究会の木村会長（大田原市）

わが町歴史館③ ——伊達氏（上）

「先祖は下野に」伝承も

——定説は「常陸国伊佐から奥州へ」

戦国武将・伊達政宗の先祖は常陸国伊佐（現・茨城県筑西市）から奥州に移ったとされている。だが、真岡市にも、伊達氏の先祖が住んでいたという伝承が残る。

伊達氏は、常陸国伊佐荘中村の伊佐、または中村と称した一族が、鎌倉時代初期、奥州合戦で功績を上げ、源頼朝から与えられた陸奥国伊達郡（現・福島県）に移り、伊達を名乗ったのが始まりという。

伊達氏はその後、居城を何度か移し、17世紀初頭、政宗が仙台城を住まいとした。

この説は、江戸時代の4代仙台伊達藩主・綱村が家臣を各地に派遣し、先祖を調べさせた「伊達出自正統世次考」、それらを基にしたと考えられる幕府編修の「寛政重修諸家譜・伊達家譜」によるもので、定説とされている。

これに対し、真岡に伝わる伝承は、下野国中村荘（真岡市）の領主で、荘内に館を築いて中村荘を

江戸時代、仙台伊達藩主から大切にされた中村八幡宮（真岡市）

管理した中村氏が伊達氏の先祖とする。ただ、『真岡市史』は、これらの伝承について確証がないとして懐疑的だ。

ところが、真岡市の伝承と似た内容が駿河国（静岡県）に移った駿河伊達氏の「駿河伊達系図」（京都大学所蔵）に記されている。それによると奥州合戦後、父親の朝宗とともに伊達郡に移った次男宗村は、移る前は「常陸介」「下野国中村領主」、宗村の子の一人・為重は「下野国に住み中村領主」、孫の一人・経家は「下野国若田部（『仙台市史』によると下野国中村近く）に住む」とする。伊達家譜にない下野国中村が何度も登場する。この違いはどう考えたらいいのだろう。

宇都宮短大の江田郁夫教授（62）は「もともと仙台伊達氏の系図にも疑問点はある。分割相続が一般的だった当時、仙台伊達氏とは別に、自分たちの先祖が下野国中村から出たと主張する一族がいてもおかしくはないし、十分にあり得る」と説明する。

そもそも、常陸国伊佐と下野国中村とは無関係なのだろうか。合併で筑西市となった旧下館市の『下館市史』は、平安時代、常陸国伊佐中村にいた伊達氏の祖先が国司として下野国芳賀郡に赴任し、「その地を中村と改め、任が終わってまた伊佐荘に還った」と紹介する。『仙台市史』（通史編2）の「特論二」で、伊達氏の先祖を検討しているが、常陸国伊佐と下野国中村は距離的に近く、両地域にわたって領主化した一族がいて、その中から伊達氏の祖先が生まれた可能性を指摘している。

先祖の地を常陸国伊佐とした綱村だが、調査によって先祖が奥州合戦で使ったとされる軍配団扇が中村八幡宮（真岡市）で見つかったのを知り、それ以降、同八幡宮を大切に扱った。5代藩主吉村も神馬を奉納。それを記念したとする流鏑馬が今も同八幡宮で続いている。（A）

わが町歴史館④ ― 伊達氏（下）

「下野国中村氏」九州へ

―真岡の伝承　解明に期待

真岡市に残る伊達氏関係の伝承の中に、奥州伊達郡（現・福島県）に移った一族とは別に、地元に残った同族「中村氏」のその後というのがある。

真岡市教育委員会が1985年に発行した『真岡市史案内』（第4号）によると、南北朝時代、下野国中村（真岡市）に残った中村氏の子孫・経長が、伊達行朝とともに南朝に属して北朝側と戦い、敗れて宇都宮氏の配下となった。

1544年には、経長の子孫で宇都宮家臣の中村日向入道玄角が、結城氏家臣の水谷正村（蟠龍斎）と戦って死亡。息子で同じ中村日向を名乗ったとされる時長が再度正村と戦ったものの、中村の地を取り返すことはできなかったという。

筆者である小林利男氏は、中村城跡（真岡市）近くに玄角が戦死したと伝わる場所があり、中村城が玄角の居城だったという伝承を紹介。ただ、「何一つ中村氏を立証するものが無い」として、中村城の堀跡を掘れば手がかりが得られるかもしれないと書いている。

では、伝承に登場する中村氏は実在しなかったのだろうか。宇都宮短大の江田郁夫教授（62）によると、伊勢内宮への寄付を集めていた御師佐八氏が作成した「下野国御旦那帳」では、宇都宮氏一族・家臣名の中に「中村日向守殿」とある。宇都宮氏は1597年に豊臣秀吉によって改易されたが、佐八氏はその後も四散した一族・家臣団との交流を維持、再開するため御旦那帳を作った。時代的には近世初頭で、内容の精度は高いという。

この中村日向守殿が時長、あるいはその子孫と同一人物かどうかは不明だが、無視はできないだろう。

実は、真岡市内の寺社を取材中、足利尊氏に従って九州に渡った中村氏の子孫とする人が、現在も熊本県内にいることが分かった。連絡を取ると、現当主の男性（78）は、代々引き継いだとされる家系図などのコピーを送ってくれた。

それらによると、初代中村敏成は下野国中村荘の人で、尊氏に従って九州に行った。尊氏と別れた後は南朝側の懐良（かねよし）親王に従った。その後代々、同県内に住み、現当主で25代目という。

現当主は、関東地方に勤務していた時、自分でも詳しく調べるため真岡市に何度も足を運んだ。「2009年には、親族を集めて初代敏成の生誕700年祭を開いた」と話す。

真岡市に伝わる伊達氏先祖説や中村氏伝承は、『真岡市史』が「確証がない」などとして懐疑的に書いている。ただ、今回の取材で、他にも中村氏の子孫とする栃木県内の人が書いた自伝本の存在も分かった。残念ながらすでに故人となり、家族も内容を知らなかった。

今後、専門家による真岡市の伝承の解明が、少しでも進むことを期待したい。　（A）

中村城近くにある中村玄角終焉の地の碑（真岡市）

わが町歴史館⑤——フリーペーパー

矢板「日常」の市史

——昭和のスーパーや鉄道紹介

『矢板市史』を手に川崎城跡に立つ山口さん（矢板市川崎反町）

「ご先祖様はこの城に出仕していたのだろうか」

鎌倉御家人として3代将軍・源実朝に仕えた塩谷朝業（ともなり）が築城したという矢板市の川崎城跡（市指定史跡）から、同市田野原の会社員、山口奈津子さん（41）は市街を見下ろした。

山口さんは市民ライターとして、フリーペーパー『くもいり．com』（現在休刊中）で同市の歴史を紹介している。フリーペーパーの名は実家近くの山から取った。初号を2021年春に自費で発行し、これまでに3号を世に出した。取材と編集を1人で担い、各号1500部ずつ発行した。

実家は『矢板市史』に「塩谷氏

改易後、山口氏帰農」と記されている。1590年代に塩谷氏が改易された後、家臣から農民になったとされる。江戸時代は旗本大友氏領だった田野原の名主を務めた。

学生時代は英米文学に傾倒していたという山口さん。ふるさとの歴史に興味を持ったのは、大学卒業後、会社勤めを経て2006年に矢板の実家に戻ってから。地元で矢板武記念館の蔵を活用するボランティア団体に入り、身近にある歴史を深く調べるようになった。

最初に歴史をまとめたのは2016年のことだ。家にあった『矢板市史』を見て、幕末に尊皇攘夷運動を展開した水戸藩の天狗党の話をグループ活動の冊子で紹介した。家の近くの会津中街道を通って大田原から矢板に天狗党が来た道を実際に歩き、今も残る一里塚や立ち寄った川崎城跡近くにある長興寺でのエピソードを自分の感想とともにしたためた。歴史に対する思いはその後、友人と一緒に山田城跡など市内史跡を歩いてさらに強まっていったという。

身近な歴史を多くの人に知ってほしいと考えるようになったのは、祖父が家に伝わる古文書を手にしていた幼い頃の記憶も手伝っている。

「今は何もない田園地帯に見える矢板が、実は古くから生きてきた人たちと連続してある。私たちはそれとつながっている。何げない日常の歴史を紹介したい」。色とりどりの付箋がつけられた『矢板市史』を手に山口さんは話す。今年3月に矢板市の女性議会で質問に立った際は、「現在の矢板市は文化を楽しむ場所はとても少ない」と指摘し、「文化は心の豊かさに必須だ」として、文化を楽しめる場所としての公園整備を訴えた。

昨年（2022年）秋に出したフリーペーパー第3号では、昭和時代の矢板のスーパー、映画館、東武矢板線を取り上げた。今後、矢板市内の中世の城跡なども題材にするつもりだ。「矢板には古くからの歴史があり、これを大切にしていきたい」と、山口さんは今後の構想を練っている。（I）

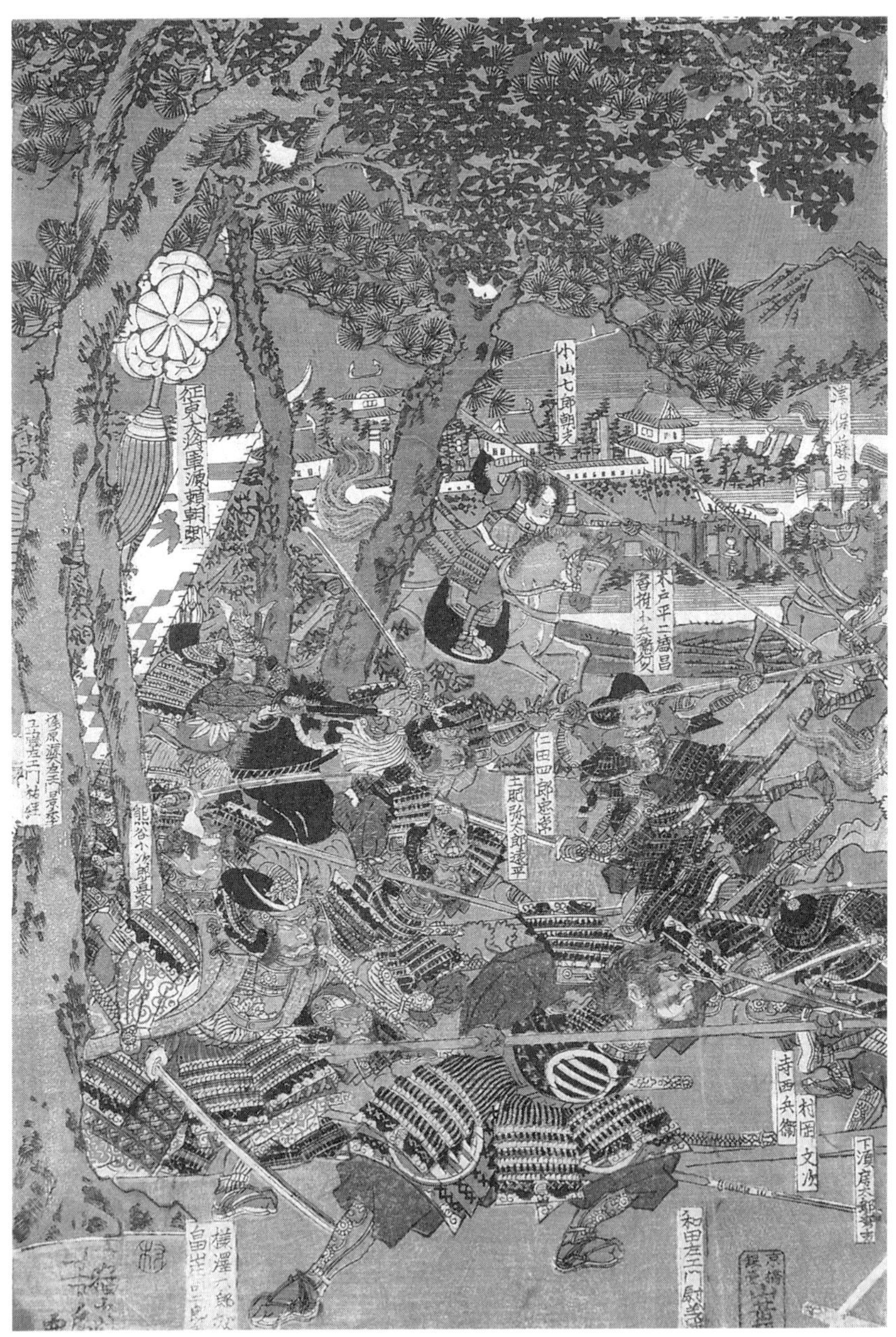

歌川芳虎「文治五年源頼朝郷奥州征伐圖」（部分）。画面中央、馬に跨り大槍を振るって敵を仕留める小山（結城）七郎朝光が描かれている（東京都立中央図書館特別文庫室蔵）

第6章
戦乱の世
～南北朝・室町・戦国時代～

足利尊氏

乱世の中　新幕府創建へ

——下野武士は混乱も

2度にわたるモンゴル軍の襲来や盗賊の横行で、鎌倉時代末になると国内は疲弊した。そうした中、本県ゆかりの足利尊氏が新時代の建設に向け立ち上がった。

1331年、後醍醐天皇の倒幕計画が発覚し、天皇は32年に隠岐へ流された。護良（もりよし）親王、楠木正成の反幕府運動が起き、天皇は隠岐を脱出、倒幕命令を諸国に発した。

鎌倉幕府は足利尊氏を大将とする大軍を派遣。しかし、尊氏は途中で離反を決意し、天皇に密使を送る。丹波国篠村（京都府）で近国武将の到着を待った尊氏は京都に突入、六波羅軍を壊滅させ、奉行所を設けた。関東では、新田義貞が鎌倉を攻め、幕府を倒した。

後醍醐天皇は33年、建武政権を樹立する。尊氏は奉行所で全国の武士の統合を図り、弟の直義（ただよし）は成良（なりよし）親王を奉じて鎌倉将軍府を開設した。2年後、北条高時の子、時行が信州で反旗を翻して鎌倉に進撃すると、建武新政府に不満を持つ多くの武士が集まった。武蔵国では8代小山家当主、小山秀朝（ひでとも）軍を破り、秀朝は500余人と自刃する事態となった。

急ぎ京都から駆けつけた尊氏は直義軍と合流し、激戦の末に時行軍を破った。尊氏は鎌倉にとどまり独断で恩賞を与え、奥州管領として一族の斯波（しば）氏を配置、新田義貞討伐を求めた。尊氏の態度に怒った建武政府は、義貞を大将とした討伐軍を東下させた。

一時は鎌倉の寺に籠もって恭順の意を示した尊氏は、弟の直義を助けるために出陣し、敵を追って京都に向かう。しかし、京都で敗戦し、態勢を立て直すため九州に逃げた。そこで大軍を組織し、中国、四国の軍勢のほとんどを味方

天皇方と戦う六波羅勢（『太平記絵巻』第1巻、部分、埼玉県立歴史と民俗の博物館蔵）

に付けて再び京都に向かった。

後醍醐天皇は比叡山に逃れ、新田一族、9代宇都宮家当主、宇都宮公綱（きんつな）などが同行した。京都各所の戦いで勝利した尊氏は、光明天皇を擁立、後醍醐天皇は吉野へ移った。尊氏は新しい幕府の創建に着手する。

以上、駆け足で紹介したが、状況が二転三転する中、下野武士は混乱したようだ。小山秀朝は初め鎌倉幕府軍に従い、新田軍の鎌倉攻めのときに寝返って倒幕に参加。宇都宮公綱は幕府に従った後で官軍側に移り、尊氏と戦って敗れると尊氏の家臣となり、尊氏が九州に逃れると再び後醍醐天皇のもとに帰参した。子の氏綱は途中から尊氏に従っている。

足利氏に詳しい宇都宮短大の江田郁夫教授（62）は「最終的にほとんどの下野武士は尊氏に従った。尊氏の名声と人望があったからで、彼らの子孫も鎌倉府に従って支えた。尊氏の大きな遺産の一つと言えるだろう」と説明する。（A）

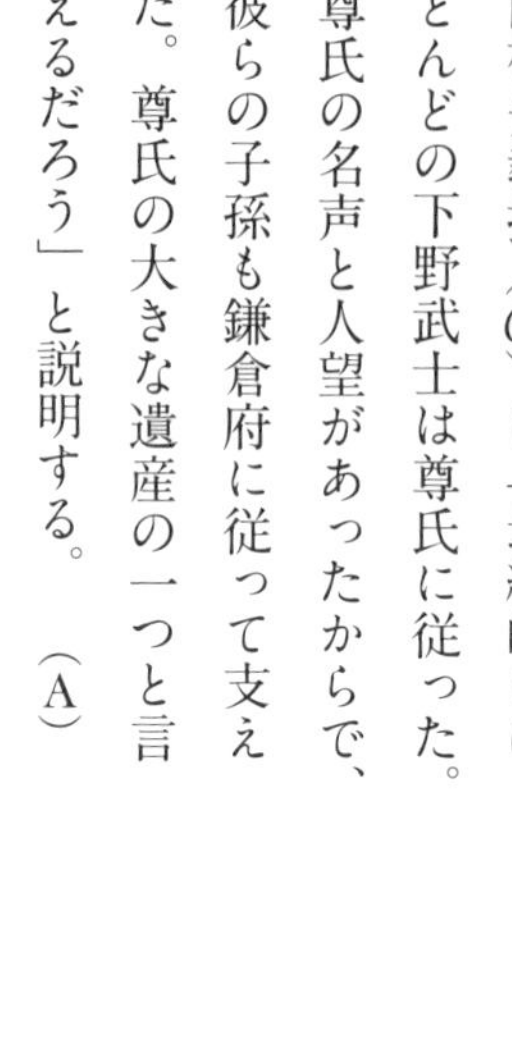
伝足利尊氏倚像
（足利市鑁阿寺蔵）

足利氏宅跡（鑁阿寺）

足利尊氏

反北条の機運を把握か？

――後醍醐天皇擁し倒幕　決意

NHK大河ドラマ「太平記」で使われた尊氏の兜（足利市太平記館）

前回、足利尊氏が鎌倉幕府から離反し、室町幕府創建を目指すまでを見てきた。では、鎌倉幕府で北条氏に次ぐ地位にいた尊氏が、なぜ倒幕を決意したのだろう。

その理由について、足利一門で同時代を生きた今川了俊（りょうしゅん）は、『難太平記』で次のように説明する。

足利家には、先祖・八幡太郎義家の「自分は7代目の子孫に生まれ変わって、天下を取る」とする置文（おきぶみ）が伝わっていた。7代目は尊氏の祖父・家時だが、北条氏全盛で時節が到来していないと考えたのか、「私の命を縮め、今から3代のうちに天下を取らせたまえ」と祈願し、切腹した。この時、家時が書いた置文が残っており、後に尊氏、直義兄弟がそれを見たからだ——。

つまり、天下取りは尊氏の意思ではなく、先祖の発願だったというわけだ。しかし、近年は置文を理由とする説を「後付けだろう」とする声が多い。

足利氏に詳しい明治大の清水克行教授（51）は、尊氏の母親がもとは京都の中下級貴族の上杉家出身だったことを指摘。「尊氏は北条氏と血縁関係がなく、上杉家を通して、西日本の情勢を的確に把握していたからではないか」と推測する。

当時、畿内での悪党蜂起や東北地方の反乱で鎌倉幕府が衰退し、反北条氏の武士やモンゴル来襲の負担で不満を持つ九州地方の武士らを後醍醐天皇がまとめ、幕府と天皇方の対立が顕在化していた。清水教授は「（西の情勢に疎い）東の御家人は、北条氏の天下と思っていたが、西では後醍醐天皇が意欲的な政治を行っていた。尊氏は鎌倉幕府と一蓮托生（いちれんたくしょう）となるより、西にかけた方がいいと考えたのだろう」とみる。

1331年、天皇の倒幕計画が判明し、楠木正成が挙兵した際、尊氏も動員された。尊氏は父・貞氏を失ったばかりで、仏事も終わっていない。このことが北条氏からの離反を決定的にしたとされる。

翌年、幕府が天皇を隠岐へ流し、正成らが再起すると、天皇も隠岐を脱出。この時は尊氏自身が病中で、妻子を人質に取られたうえでの一方的な出陣命令だった。幕府への不信感をさらに増した尊氏は、この後、反旗を翻して六波羅探題を壊滅させる。

人質の妻は北条一族出身だが、幕府への裏切りは妻らを見殺しにすることを意味する。出征する際、母方の伯父らから幕府への謀反を進言されていた尊氏は、母親の実家を取るか、妻の実家を取るかの板挟みともなっただろう。

幸い、妻子とも無事に脱出した。清水教授は「この場合、当時の社会では、当主の母方の利害が優先されるのが最も一般的だった」と説明する。（A）

足利義兼の創建と伝えられる多宝塔。現在の建物は江戸時代の再建（鑁阿寺）

1196年に足利義兼が建立し、1592年に再建された不動堂（鑁阿寺）

足利尊氏

生誕の地　今なお不明

――「足利荘」には歴代の墓所

足利尊氏は本県ゆかりの人物といわれているが、どこで生まれ、育ったのだろうか。

かつて、道鏡、平将門とともに、「日本三悪人」の一人とされた尊氏。戦後、見直しが進み、吉川英治がその生涯を『私本太平記』で描いている。この小説は、若い頃の尊氏は弟・直義（ただよし）と一緒に、足利氏の本領である下野国足利荘（現・足利市）に住んでいたとの設定だ。

しかし、その証拠はなく、生まれた場所についても、足利の他に鎌倉や、母方の上杉氏の本領である丹波国何鹿（いかるが）郡八田（やた）郷上杉（現・京都府綾部市）という説がある。

明治大の清水克行教授（51）は、この時期、足利氏は急速に北条得宗家（とくそうけ）（北条氏の嫡流）に接近し、鎌倉に活動拠点を移していたことから、「尊氏は鎌倉で生まれたというのが、今のところ最も有力な見解」と説明する。

名門の足利家を継いだ尊氏なのに、なぜ、生まれた場所すら不明なのか。清水教授によると、実は尊氏には兄・高義（たかよし）がおり、尊氏が後継者となるはずではなかったからという。高義の母は、父・貞氏の正室で、北条一族の金沢氏の娘。高義と尊氏とは母親の違う兄弟だった。

ところが、家督を継いだ高義はわずか21歳で亡くなってしまう。高義には男児が少なくとも2人いたものの、幼かったためか、隠居したはずの父・貞氏が家督の座に復帰した。貞氏が59歳で死去すると、尊氏が27歳で後を継いだ。

尊氏は、足利の地に全く縁がなかったのだろうか。宇都宮短大の江田郁夫教授（62）は、足利荘が足利氏にとって名字の地であり、歴代の墓所がある特別な場所と指摘し、「尊氏は27歳で上洛するまでの間、足利荘を訪れたり、時には長期間、滞在したりすることもあったただろう」と推察する。

室町時代、尊氏の子孫の鎌倉公方足利氏の年中行事として、元日に鎌倉公方が使う手水を足利荘から年男が鎌倉に運んでいた。江田教授は「鎌倉時代から続く伝統行事と考えられ、足利氏は代々にわたって本領の足利荘と緊密な関係を維持していたと思われる」と話す。

足利尊氏像(足利市)

足利市を訪ねると、足利氏の氏寺である鑁阿(ばんな)寺近くに、尊氏の銅像が立っている。市民から募集したアイデアをもとに、ふるさと創生事業で1991年に造られた。足利市のマスコットキャラクターも「たかうじ君」で、「たかうじ君広場駐車場」もある。尊氏が市民から大切にされているのがよく分かる。

(A)

足利尊氏の自筆と伝わる日課観音地蔵像（栃木県立博物館蔵）

足利尊氏の開基と伝わる善徳寺（足利市）

室町・戦国

小山氏　鎌倉府に反乱

――義政ら相次ぎ敗れ　嫡流断絶

室町幕府は1349年、関東統治のため、鎌倉に鎌倉府を置いた。鎌倉府の課題は当初、東国における南朝勢力の打倒だったが、その後、鎌倉時代以来の有力武士らをいかに抑え、支配するかに変わったという。

南北朝の動乱がほぼ収束した1380年、下野守護の小山義政が鎌倉府への反乱を起こした。いわゆる「小山義政の乱」だ。

きっかけは、鎌倉府の制止にもかかわらず、義政が領地の境界に絡むトラブルから宇都宮氏と交戦し、当主の宇都宮基綱を殺害したことだった。これに対し、鎌倉府の長である鎌倉公方足利氏満は、義政討伐軍を派遣した。

宇都宮軍との戦いで自軍に大きな打撃を受けていた義政は、いったんは降伏した。しかし、鎌倉府は翌81年、義政の謝罪がなかったとして軍を再び派遣し、小山氏の鷲城などを攻めた。義政はここでも降伏し、五つの城を全て明け渡した。

しばらくして、義政は突如、居城の祇園城に火を放ち、粕尾（鹿沼市）の山中に立てこもって抵抗するが、鎌倉府軍に囲まれ、ついに自害した。その後、行方不明となっていた嫡子の若犬丸が各地で抵抗運動を続けた末、97年に会津で自害したという。

この結果、政光以来の小山氏嫡流は断絶。同族の結城氏の次男が後を継ぎ、結城氏の影響下で勢力の回復に努めざるを得なくなる。鎌倉府はこの戦いで、その支配体制を確立したとされる。

鎌倉府が小山氏を滅亡させたのは、関東最大の所領規模を誇る小山氏の存在を危険視したため、あるいは独立性の高い関東の武士たちへの見せしめだった、とも考え

思川沿いにある鷲城跡（小山市）

上空から見た祇園城跡（小山市教育委員会提供）

られている。では、義政が乱を起こした根本的な理由は何だったのだろう。

小山氏に詳しい元県立高校長の松本一夫さん（63）は、氏満以降の鎌倉公方が幕府に対する独立性を高め、将軍の地位もうかがう態度を見せ始めたことや、小山氏だけでなく、鎌倉府が宇都宮氏にも下野守を与えたことを指摘。「こうした状況の中で、義政は幕府の一部勢力との提携も探りつつ、次第に鎌倉府との対決姿勢を強めたのではないか」と推測する。

義政の乱を巡っては、悲しい伝説が残っている。戦いのために離縁された夫人の芳姫（よしひめ）は、家宝として伝わる鎮痛剤を見つけ、夫に届けるため粕尾に向かった。途中、地元猟師の家に泊まり、病気で苦しむ猟師の妻に妙薬を1粒飲ませて回復させた。

翌朝、猟師の態度が急変、残りの薬も要求し、芳姫と侍女を山刀で殺害した。その後、その場所に生えるヨシは、茎を切ると血のような液が出るようになったという。（A）

発掘中の長福城跡（小山市、2023年3月撮影）

小山義政の妻、芳姫の御堂（栃木市観光協会提供）

室町・戦国

下野巻き込んだ結城合戦

――鎌倉公方VS将軍　各所に波及

前回紹介した「小山義政の乱」後も、多くの下野武士が内戦、内乱に巻き込まれた。今回は、後に将軍暗殺まで起きた結城合戦などのいきさつについて、考えてみよう。

15世紀前半、鎌倉府の長である鎌倉公方（くぼう）足利持氏（もちうじ）が、在地領主らへの弾圧を始め、専制化を進めた。持氏は将軍職も望むようになり、将軍の後継問題を巡って将軍家と対立。そうした中、鎌倉公方の補佐役だった関東管領上杉憲実（のりざね）が、何かと親幕府的態度をとるため、持氏は1438年、憲実討伐に出陣した。

これに対し、将軍・足利義教（よしのり）は憲実を支援し、持氏追討を指示。持氏は幕府軍に敗れ、自害した。

室町時代に詳しい宇都宮短大の江田郁夫教授（62）は、「憲実が関東管領職を放棄して本領に帰ったため、不信感を募らせた持氏が憲実を討った。持氏は将軍が出てくるとは思わなかっただろう」と話す。

2年後、持氏の2人の遺児、安（やす）王丸（おうまる）、春王丸（はるおうまる）が、持氏残党の反幕府、反上杉勢力に擁立されて挙兵する。2人は結城氏朝（うじとも）に迎えられて結城城（茨城県結城市）に入り、関東諸侯に参集を呼びかけた。

義教は、関東管領上杉清方を大将に攻撃を指示、大軍が結城城を取り囲んだ。下野では、宇都宮、小山氏の本家は幕府に従い、それぞれの庶子は2人の遺児側に付いた。攻防の末、結城城は攻め落とされ、2人の遺児は殺害され、結城氏朝も敗死した。これにより、鎌倉公方空白のまま、一時的に関東管領上杉氏の関東支配ができあがった。

結城合戦には余波があった。有力守護大名・赤松満祐（みつすけ）が、結城合戦の勝利を祝して京都の邸宅で猿楽鑑賞会を開き、出席した義教をその場で殺害した。義教が有力大名を誅殺し、所領を没収するなど恐怖政治を続けたため、不安にかられた赤松氏の犯行とされる。

一方、安王丸、春王丸の弟、万寿王丸は信濃国に逃れていたが、義教の死去によって状況が変わり、やがて鎌倉に移って父・持氏の跡を継ぎ、成氏と名乗って鎌倉公方として復活した。

江田教授は「自分の子を鎌倉公方にすることを望んだ将軍義教はすでに死亡。東国の安定、平和を最優先に考えれば、幕府も上杉も、成氏の鎌倉公方就任以外に選択肢はなかっただろう」と説明する。戦いに敗れた結城氏も、末子・重朝が生き延び、後に成氏によって結城氏再興が許されている。

しかし、成氏の鎌倉公方就任は、関東管領上杉氏との対立を再燃させる結果となる。（A）

結城合戦の主戦場となった結城城跡（茨城県結城市）

結城城跡の全景

結城城跡は公園に整備されている

室町・戦国

関東混迷 揺れる下野

——古河公方の対立、戦国大名進出

鎌倉公方に復活した足利成氏にとって、鎌倉は安全な場所ではなかった。鎌倉公方と関東管領の対立から見ていこう。

1450年、関東管領を世襲してきた上杉一族の家臣が成氏を襲撃。成氏は江の島に逃れて戦った。54年には、成氏が鎌倉御所で関東管領上杉憲忠を謀殺、両者の対立は深まった。

幕府は成氏追討を命じ、成氏は鎌倉を離れ、下総古河（茨城県古河市）に逃れた。古河を選んだのは、河川水系にはさまれた天然の要害で、小山、結城氏や、常陸の佐竹、下総の千葉氏ら成氏派の武将の領地に近いからなどとされている。中でも、成氏は小山氏を最も頼りにしたという。

これ以降、成氏と後継者は「古河公方」と呼ばれることになった。

対する上杉氏は、古利根川西側の武蔵、上野を基盤とし、幕府の支援を受けて成氏と対立した。対立は関東に混乱と内乱をもたらし、15世紀後半に和議が成立したものの、その後も、上杉一族の内紛は続き、関東全体に影響を与えた。

そうした中、新たな脅威が現れる。駿河の北条早雲が伊豆に攻め込み、続いて小田原を攻略、さらに関東進出をうかがった。1546年には、北条軍が武蔵国河越で古河公方・上杉連合軍を破り、上野、下野、常陸、下総方面に進出した。

これに対抗したのが越後の長尾景虎だ。景虎は関東管領上杉憲政を擁して北条氏を攻め、一時は北条氏の拠点・小田原城を包囲した。景虎は関東管領職と上杉の家名を与えられ、それ以降、上杉謙信として毎年のように関東に出兵する。

北条、上杉の2大勢力が伯仲する下野南部では、小山、佐野、足利長尾氏が状況によってどちらかに付くなど揺れ動いた。一方、公方家も北条派と上杉派で対立が続いた。この時期、宇都宮家で内紛が続いたが、公方家内の対立が影響していたとの説もある。

こうした対立は、甲斐の武田信玄の脅威によって一変、北条氏は上杉氏と同盟を結んだ。ところが、北条氏は71年、それを破棄、武田氏と和議を結んだうえで、本格的に北関東の制圧を始めた。宇都宮短大の江田郁夫教授（62）は「北関東の武士は相互に対立しながらも、古河公方を権威・仲介者として互いの存続を容認していた。そうした価値観を認めないというのが戦国大名だった」と説明する。

古河公方が本拠とした古河には、鎌倉から多くの家臣、僧侶、文化人が移住した。古河市の古河総合公園を訪れると、成氏が造ったとされる古河公方館跡がある。公園内では、市民が池で釣りをしたり、散歩をしたりするなど、憩いの場として親しまれている。　（A）

奥の森に古河公方の足利成氏館があったとされる。周辺には、美しい公園が整備されている（茨城県古河市、古河総合公園）

古河公方足利成氏の館跡（茨城県古河市）

館跡には石に刻まれた説明文もある

室町・戦国

秀吉進出で下野に明暗

――北条氏に味方 旧勢力が滅亡

　本格的に北関東進出を始めた北条氏は1576年までに、下野南部の小山氏の本拠・祇園城を陥落させた。城主の小山秀綱は、常陸国（茨城県）の佐竹義重のもとへ逃げ延びた。

　危機感を抱いた北関東の武将は佐竹氏を中心に宇都宮、那須、結城氏らが反北条氏連合を組織。宇都宮氏は、宇都宮城から約8キロ北西の多気城に移り、北条氏の攻撃をしのいでいる。

　そこに、北条氏をはるかに上回る力を持った豊臣秀吉が登場する。関白となっていた秀吉は、私戦停止命令に従わない北条氏を攻めるため関東侵攻を開始。90年、北条氏の本拠の小田原城を落城させた。

　その後、秀吉は東北巡察の途中、宇都宮城に滞在し、東国の諸領主に対する戦後処理を行った。いわゆる宇都宮仕置だ。下野の武将では、北条方に従った壬生氏や小山秀綱、長尾顕長（足利長尾氏）、佐野氏忠、那須資晴などの領地を没収。これにより、小山氏など鎌倉以来の旧勢力は滅亡した。ただ、那須氏は後に罪を許されている。

　小田原攻めで秀吉に従った宇都宮、大田原、大関氏は旧領を与えられ、秀吉に通じていた佐野房綱が北条方の唐沢山城の佐野氏忠を破ると、房綱の旧領回復が認められた。後継者がいなかった古河公方は、秀吉が名跡の絶えるのを惜しみ、公方一族の者に継がせて存続を図った。喜連川に所領を与えられ、それ以降、喜連川氏を名乗った。

　天下統一を果たした秀吉は、各地で太閤検地を実施した。その過程で宇都宮氏の所領高の報告に偽りがあったことが発覚。宇都宮氏の所領は没収、改易処分とされるが、

宇都宮氏の居城だった宇都宮城跡。江戸時代の城の一部が復元されている（写真は富士見櫓）

改易理由には所領高の過少申告のほか、家中の内紛説などがある。

宇都宮氏は秀吉の朝鮮出兵に従い、再興を図ろうとしたが、秀吉が病死したため実現できず滅亡した。

さて、下野の名門一族はその後どうなったのだろう。実は、小山、宇都宮、それに結城氏から分かれ福島県白河市を本拠にした白河結城氏の子孫が、浪人などを経て水戸藩に仕官した。

『水戸藩の御三家＝結城・小山・宇都宮氏の興亡＝』の著書がある茨城県近現代史研究会会長の市村真一さん（75）によると、新設された水戸藩では、有能な家臣をスカウトしなければならず、特に徳川光圀（みつくに）は大日本史を編さんするため、名族の当主クラスを集めたという。

後に三家とも家老を出し、水戸市史で「水戸の御三家」と表現された。「それだけ三家が水戸藩で重きをなしたということです」と市村さんは説明する。（A）

市村さんの著書『水戸藩の御三家＝結城・小山・宇都宮氏の興亡＝』

室町・戦国

皆川広照　波乱の人生

――秀吉に投降　家康からは改易

皆川広照像（栃木市金剛寺蔵）

戦国期の様々な危機を乗り越え、その後いったんは改易されながら、78歳で藩主に復活した下野の武将がいた。今回は、波乱の人生を歩んだ皆川広照（1548～1628年）に焦点を当ててみよう。

宇都宮短大の江田郁夫教授（62）によると、皆川氏は、小山氏の初代当主・小山政光の子、宗政が興した長沼氏の分家で、皆川荘（栃木市）を本拠とした。

時は戦国時代、まさに北条氏が北関東支配を狙っていたころ。広照は当初、北条氏に従ったが、常陸国の佐竹氏を中心に宇都宮、結城、那須氏が反北条氏連合を組織すると、それに合流。一方で、天下を狙う織田信長に誼を通じるため馬3頭を贈っている。

信長はとても喜び、広照からの使者の帰還について万全を期すよう指示。帰途の浜松では、徳川家康から広照に宛てた書状も託された。しかし、縁ができたのもつかの間、1582年に信長は本能寺の変で横死してしまう。

この間、広照はどうしていたのか。江田教授によると、本能寺の変の前に家康が安土城で信長の接待を受けた際、家康に同行して信長と対面し、その後も家康に従い、甲斐で北条軍と戦った可能性が高いという。

家康はその後、豊臣秀吉と小牧・長久手合戦を経て和睦し、次男秀(ひで)康(やす)を人質として秀吉の養子にした。秀吉は85年に関白となり、四国、九州を平定。90年には、北条氏を討つため関東に進出し、北条氏は小田原城に籠城して対抗した。

再び北条氏に従っていた広照は、夜、ひそかに小田原城を抜け出し、秀吉軍に投降した。江田教授は「広照は以前から秀吉に馬、太刀を献上しており、その点を評価されて旧知の家康に預けられた」と説明する。

秀吉は北条氏を滅亡させ、宇都

広照が寄進したとされる甲冑（金剛寺蔵）

広照の墓（金剛寺蔵）

宮仕置を行った。多くの下野武将が領地を没収、改易される中、広照は家康の家臣として旧領を維持できた。広照は皆川城から栃木城に居城を移し、現在の栃木市中心部の城下町整備を本格化させたようだ。

関ヶ原合戦後は、家康の六男の松平忠輝（ただてる）の養育を担当。忠輝が信濃国川中島藩主（長野県長野市）となると、広照も信濃国飯山城を与えられた。ところが、忠輝は家老衆の声に耳を貸さなくなり、広照が駿府城の家康に訴え出た。すると、忠輝も家康に直訴し、逆に広照は改易処分となった。

3代将軍・家光の時代に広照は赦免され、78歳で常陸国府中藩主（茨城県石岡市）となった。晩年は家光の御咄衆（おはなししゅう）として登城。80歳で没し、故郷皆川の金剛寺に葬られた。同寺の柿上大岳（だいがく）住職（50）によると、広照は茶道、けまりなどにも通じ、知識も豊富だったという。

江田教授は「広照が活躍できたのは、洞察力と実行力に優れ、人に対して誠実だったから」と説明する。（A）

皆川氏代々の墓（金剛寺蔵）

皆川城跡は現在、皆川城址公園となっている（栃木市観光協会提供）

室町・戦国

上杉氏が再興した足利学校

――易学修めた学生　大名重宝

　足利市にある足利学校は、「日本最古の学校」「日本最古の総合大学」といわれている。都から離れた東国にありながら、なぜ、そこまで発展したのだろう。

　創建は、古くは奈良、平安、または鎌倉時代初期に足利義兼が設立したなどの説があり、はっきりしない。室町時代になると、関東管領の上杉憲実が再興し、孔子の教え「儒学」を教育の中心に据え、図書なども整備した。

「足利は、足利将軍家のゆかりの地。足利将軍家に仕えてきた上杉氏だからこそ、ゆかりの地の足利学校の再興に貢献した」と、史跡足利学校事務所学芸員の大沢伸啓さん（63）は語る。

　この時代、儒学の他に兵学、医学なども教え、特に易学を学ぶ学生が多く集まった。16世紀に最も栄え、フランシスコ・ザビエルによって「日本国中最も大にして最も有名な坂東の大学」と海外に紹介されている。

　当時、易学は戦の場でも使われ、足利学校で易学を学んだ者は戦国大名に重宝された。大沢さんによると、甲斐の武田信玄も、戦に同行する占い師は足利学校で易学を学んでいるかどうかを重視したという。

　学費は無料で、学生は近くの民家や寺院などに寝泊まりし、学校の敷地内で野菜類を育てて食べたという。

　1590年の豊臣秀吉の北条氏討伐後、当時、足利学校の庇護者だった北条氏と足利長尾氏が滅び、学校の所領が奪われた。足利学校の第9世の庠主（＝校長）三要元佶は、関東に移封となった徳川家康の近臣となり、家康の保護で足利学校を守ったとされる。

　元佶は関ヶ原の戦いで家康に同

学校門

方丈

行し、占いによって功績を上げたほか、江戸幕府創建後は寺社奉行などとしても活躍した。

　江戸時代になると、足利学校の庠主は将軍の1年間の運勢を占い、将軍に献上するようになった。しかし、江戸時代に朱子学が広まると、易学中心の足利学校の学問は衰退し、学校というより、貴重な古典籍を所蔵する図書館として有名になった。

　明治時代以降、敷地の半分が小学校となった。1921年に足利学校の敷地と学校門、孔子廟(びょう)などの建物が国の史跡に指定され、それ以降、保存が図られ、小学校の移転、建物と庭園の復元などが行われた。現在は江戸中期の様子が再現されている。

　大沢さんは「中世に足利学校が有名になったのは、やはり足利将軍家に対する尊敬が背景にあったのだろう」と指摘する。　（A）

孔子坐像

孔子廟

室町・戦国

利休と縁ある佐野の鋳物

――秀吉の側近・房綱が仲介か

天明鋳物の全盛期を代表する作品で、鋳造に高度技法を用いた国指定重要文化財「鋳銅梅竹文透釣灯籠」（佐野市郷土博物館寄託）

室町時代、佐野で作られた天明（てんみょう）（命）鋳物の「茶の湯釜」は、西の筑前（福岡県）芦屋釜と並び、全国に知られていた。なぜ、佐野で鋳物が発展したのだろう。

天明鋳物の始まりは諸説ある。佐野市の天明鋳物のまちづくり推進計画は、天慶年間（９３８～９４７年）に河内国（大阪府）から鋳物師が移住し、藤原秀郷の命で兵器類を鋳造したのが始まりとの伝承を紹介。ただ、その前の奈良時代から土着の鋳造技術で鋳物が作られていたとする。

出居（いでい）博・佐野市民文化振興事業団事務局長（63）は「古くは、奈良時代に西から新羅由来の鋳物技術者が来て佐野（天明）付近に流入し、源頼朝が鎌倉幕府を開くと、関東に寺院を建設するため、西日本から鋳物師集団が来て佐野にも移住し、鋳造技術がさらに高まったのではないか」と推測する。

現存する天明鋳物の中で最古のものは、１３２１年に作られた千葉県・日本寺の梵鐘で、佐野市内の寺に寄進されたものが移動した。当時の天明鋳物の製品は、神社仏閣関係や鍋、釜などの生活用具が多かったようだ。

茶の湯釜の歴史に詳しいふくやま美術館（広島県福山市）の原田一敏館長（73）によると、鎌倉時代、僧や武家の間で喫茶の場がもたれるようになり、南北朝時代に専用の茶の湯釜として芦屋釜が登場した。芦屋釜の産地を支配していた守護大名の大内氏が、足利将軍家に釜を献上、室町時代初期から中期まで、京都を中心とした地域で茶の湯釜といえば芦屋ということになったという。

天明釜が普及するのは室町時代後期になってから。当時の有力商人の茶会記などを見ると、天明釜が多く使われていることがわかる。原田館長は「端正な芦屋釜と違い、天明釜は自由な造形でごつごつした溶岩のような肌合いがわび茶の流行とともに好まれたのではないか」と解説する。

当時の有名な茶人・千利休と天明釜との関係について、出居事務局長は、天徳寺宝衍の名で豊臣秀吉に仕えた佐野房綱の存在を指摘する。房綱は唐沢山城主・昌綱の弟で、大変な文化人であり、秀吉のそばに仕え、１５９０年の北条氏征伐の際には、関東への道案内役などを行い、城主となる。出居事務局長は「状況的には天明釜を秀吉や利休にＰＲしたとも考えられる」とする。

江戸時代にかけて、天明の鋳物師は江戸城平川橋の擬宝珠を作ったり、京都の公家の御用鋳物師として活躍したりする。

佐野市によると、最盛期に70軒以上あった鋳物業者は現在4軒。同市は、天明鋳物の認知度アップ、紹介施設の整備、専門人材の育成などを進め、天明鋳物を核としたまちづくりを進めていく計画だ。

（Ⅰ）

天命半甑口釜（佐野市郷土博物館蔵）

天明鋳物師の守り神・金山神社（佐野市金井上町）

番外編

「先祖」秀郷系一族を描く

——画家・森戸果香 20年で１２４人

県立博物館に、藤原秀郷や子孫の小山、長沼、結城、藤姓足利氏など１２４人の武将らを描いた絵が収蔵されている。一人の日本画家が約20年をかけて描き、１９８６年に寄贈した。今回は、この絵を描いた画家に焦点を当ててみよう。

画家は森戸果香（本名・鐶次郎、１８９８～１９９３年）といい、広島県で生まれた。東京美術学校（現・東京芸大）教授を務めた佐野市出身の日本画家・小堀鞆音に師事。歴史絵画や武人画を描き、帝展、日展などで何度も入賞した。

果香が秀郷系の一族の絵を描き続けたのは、果香自身がその子孫だったから。森戸という名前は栃木市に多く、果香の祖先とも関係がある。果香が残した文書などによると、果香の先祖は鎌倉時代初期、小山氏から分かれた長沼氏の一族。その子孫が箱森（栃木市箱森町）の明戸に住み、森戸を名乗ったとされる。

江戸時代初期、森戸氏の子孫が武蔵岩槻藩主（埼玉県さいたま市）の阿部氏に仕え、江戸に移って江戸詰めとなった。阿部氏は宇都宮藩主を経て、１７１０年、備後福山藩主（広島県福山市）に移封。江戸詰めだった子孫もやがて福山に移った。このため、広島県内にも森戸の名前を持つ人がおり、戦後、広島大学学長や文部大臣を務めた森戸辰男氏、果香などはその子孫だ。

阿部氏に仕官した森戸氏に対し、栃木に残った親族もいる。栃木市箱森町の森戸孝雄さん（84）の先祖で、『栃木市史』によると江戸詰めだった森戸氏が、日光東照宮にお参りした帰路、先祖の地・箱森に立ち寄り、墓参りをして孝雄さんの先祖と交流したという。

果香はライフワークとして先祖の絵を描いた。四男の冨夫さん（85）（埼玉県杉戸町）によると、果香は都内の自宅から栃木県内に通って図書館で先祖を調べ、それぞれの子孫にも会った。「『世代を超えても、顔の骨格に面影は残る。そうした特徴を生かして描いた』と話していました」と冨夫さん。

武将を描く際、甲冑（かっちゅう）や服装の時代考証も徹底し、1作品を描くのに何か月もかけた。著名な小説家が新聞で歴史小説の連載を始める際、果香の挿絵を希望した。新聞社の担当者が自宅を何度も訪れたが、1枚を3日で描いてほしいという要望に、ついに首を縦に振らなかったという。

1992年、小山市立博物館が「秀郷流藤原氏の系譜—森戸果香の絵画から—」として124枚を紹介する企画展を開いた。当時の企画担当者は、「あいさつに行くと、病気を押して玄関まで出てきてくれた。とても恐縮したのを覚えている」と話す。

絵の一部は、この連載でも使っている。栃木県の歴史を語るとき、124枚の絵は今後も役立ってくれるだろう。

（A）

秀郷流武将らを描いた森戸果香の画集を持つ森戸冨夫さん（埼玉県杉戸町の自宅）

わが町歴史館⑥ ― 多気城

多気山に城郭都市

―北条氏侵攻　宇都宮城から移転

宇都宮市田下町の多気山（標高３７７メートル）に、宇都宮氏が築いた戦国時代の山城「多気城」跡がある。敵の侵攻に対抗するため、城下町も含め宇都宮城の機能をそっくりこの地に移そうとした、壮大な城郭都市計画があったという。

当時、小田原を本拠とした北条氏が勢力を広げ、南関東を勢力下に置き、北関東進出を図っていた。これに対し下野、常陸の大名、領主が協力して反北条氏連合を組織。北条氏は、小山、足利などの要衝を押さえ、宇都宮に危機が迫った。

「宇都宮城は平城で防御に弱い。打開策として計画されたのが、約８キロ北西の多気山への移転でした」と、宇都宮短大の江田郁夫教授（62）は話す。

江田教授によると、宇都宮氏第22代当主の宇都宮国綱は、１５８５年に築城に着手、年内に完成させたと推測される。築城には反北条氏連合の盟主で、国綱の伯父の常陸太田城主・佐竹義重も協力したという。

城は山頂から山麓まで土塁や堀、曲輪などの防御施設が連続して造られた。山の南側の城下には下河原、塙田など宇都宮城下と同じ地名が小字として残っており、旧住居地ごとに居住区域が割り振られたと考えられるという。

多気山から南東に約５００メートル離れた丘陵には、堀と土塁が丘陵を横断するように約４００メートルにわたって構築されていた。

江田教授は、住民が移住した城下を防衛する施設で、当時は城下全体を囲むようにめぐらせていたと考えている。「多気城は城下も含めた城郭都市であり、全周は8キロ近くに及んだ可能性がある。戦国時代最大規模といわれる小田原城の全周9キロと比べても、さして遜色なかったのではないだろうか」と推測する。

引っ越しは年内に完了したようで、その後、北条軍は手薄になった宇都宮城を攻め、城下を焼き払った。当時の史料から、多気城にも北条軍が進軍し、複数の城下の出入り口で激戦が繰り広げられたようだ。

1590年、豊臣秀吉が小田原を攻め、北条氏は滅亡。国綱ら反北条氏連合の危機はようやく去った。宇都宮城は秀吉に接収され、秀吉が2度にわたって滞在した。秀吉が離れると、国綱は5年ぶりに宇都宮城に戻った。

3月、江田教授と多気城跡を訪れた。ハイキングコースとして整備され、多くの人が利用している。コース脇にも土塁跡があると聞いたが、樹木が生い茂り簡単には確認できない。風化して崩れた場所、堀が埋まったところもあった。「さらなる実態の解明と、早急な保存、整備が必要です」と江田教授は指摘した。(A)

頂上付近から宇都宮中心部がよく見える（宇都宮市多気山）

わが町歴史館⑦ ―― 渋江政光

「山は宝」国造りの教え

――小山氏元家臣 秋田で活躍

戦国末期、小山氏滅亡後、常陸・佐竹家に仕官した元小山氏家臣がいた。転封先の秋田で家老となり、国造りに活躍。「国の宝は山なり」という彼の言葉は、秋田県内の林業関係者から今も大切にされている。

名は渋江内膳政光という。小山氏家臣の荒川秀景の子として誕生し、荒川弥五郎を名乗った。小山氏の改易後、浪人を経て、才能を見込まれ佐竹家に仕えた。佐竹家重臣・渋江氏を相続し、渋江政光と改名する。

関ヶ原合戦後、佐竹家が秋田転封となると、政光は秋田で久保田城の築城に従事した。検地制度の改革を行い、農業生産と藩財政の安定に力を発揮。他家出身で、若くして重要な仕事を任された政光は、元々の家臣から不満を持たれ、対立もあった。暗殺事件に巻き込まれてもいる。

『寄生獣』や『ヒストリエ』などの作品がある漫画家岩明均さんが、政光の生涯を「雪の峠」として漫画に描いている（『雪の峠・剣の舞』に収録）。日本の城に興味があった岩明さんは、久保田城築城を巡り、政光と経験豊富な宿老との意見対立があったことを知り、「2人の駆け引きを軸にすればおもしろい物語が作れると思った」という。

政光は1614年、主君佐竹義宣とともに大坂冬の陣に出陣し、義宣を守って奮戦、最後は流れ弾に当たって戦死した。41歳だった。子孫からは藩内最多となる7人の家老を出し、家中屈指の名家とされたという。

初めに紹介した「国の宝は山な

り」は、冬の陣に出かける前夜、政光が部下に残した遺言で、「山の衰えはすなわち国の衰えなり」などと続く。藩内をくまなく視察した政光が、豊富な森林資源に着目し、活用と保護両方の重要性を指摘した言葉だった。

秋田県の林業関係者で作る秋田県森と水の協会の高田清晃専務理事（64）は「農業が経済の基本だった時代に、政光は林業も重視していた」と、先見性を評価する。政光の林業思想は引き継がれ、名産の秋田杉は日本三大美林の一つとなった。政光の遺言を書き留めた古文書や石碑は2021年5月、日本森林学会「林業遺産」に認定された。

秋田県仙北市の秋田県県民の森にある石碑。渋江政光の遺訓が彫られている（秋田県森と水の協会提供）

残念なことに、政光は栃木県内ではほとんど知られていない。ただ、足跡はある。『南河内町史』によると、下野薬師寺が安国寺となり、一時佐竹家の支配下にあった時、焼失していた薬師堂と戒壇堂を家臣の政光が再建したという。完成時、ひょっとすると政光は、峠を越え、故郷を訪れていたかもしれない。

（A）

第7章

日光・下野・江戸

～江戸時代～

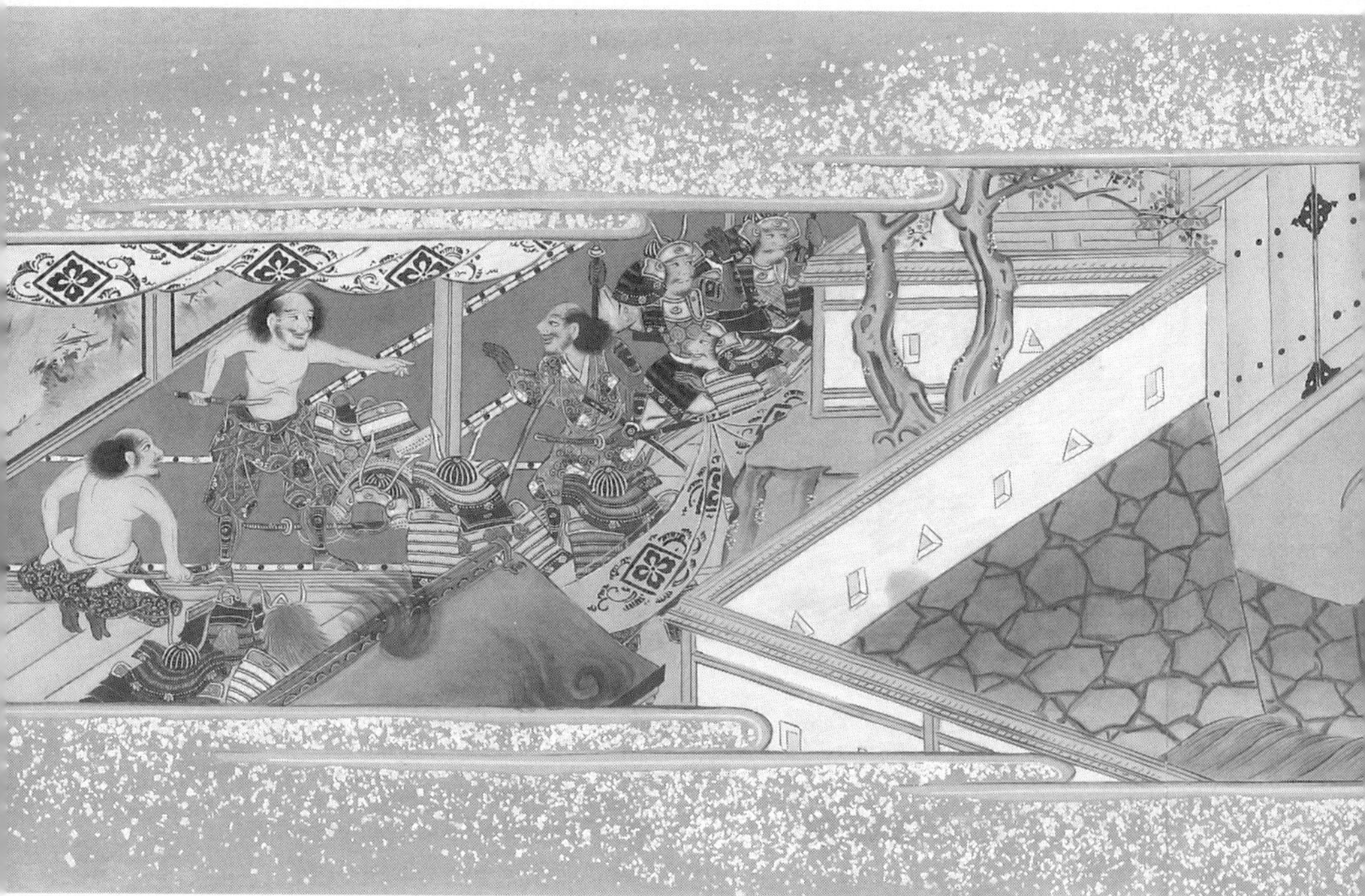

結城城に立てこもる結城氏朝勢（『結城戦場物語絵巻』、栃木県立博物館蔵）

専門家座談会

下野の人たちは江戸時代をどう生きたのか？

長い戦乱の世を経て、戦いのない江戸時代に入る。「とちぎ日曜歴史館」では、江戸時代を取り上げる前に恒例となった専門家座談会を開き、「下野の人たちは江戸時代をどう生きたのか」をテーマに語り合ってもらった。出席者は、大田原市黒羽芭蕉の館学芸員・新井敦史さん（56）、常磐大人間科学部長・平野哲也さん（55）、筑波大准教授・山沢学さん（52）の3人。新井さんに司会をお願いした。

神橋（日光市）

新井　本日は「下野の人たちは江戸時代をどう生きたのか」をテーマに話し合いたい。関ヶ原合戦の際、東北の上杉勢の脅威に対峙(たいじ)した那須地域では、長い間、緊張状態が続いた。地元の大関氏など那須衆は早い段階から徳川家康に付いたが、家康側は那須衆が上杉に加担するかもしれないと心配し、人質を出させている。

平野　下野は奥羽との境で、古代以来、緊張状態が高まりやすい。そうした心配があって、江戸時代全般にわたり、幕府は信頼できる大名を宇都宮、烏山、壬生に配置した。ましてや日光という聖地もあったわけだから。

新井　関ヶ原の論功行賞で、下野国内の領主は順次、譜代大名に切り替えられる。その後、譜代の小藩、旗本、天領が増えるのが特徴だ。

平野　下野は小藩分立で、さらに幕府領、旗本領が入り組んでいた。一村が複数の領主に支配された例も多い。県内では明治以降、何かやろうとすると、まとまりつつ解体するといわれるのも、こうした支配形態が影響しているのかもしれない。一方で、

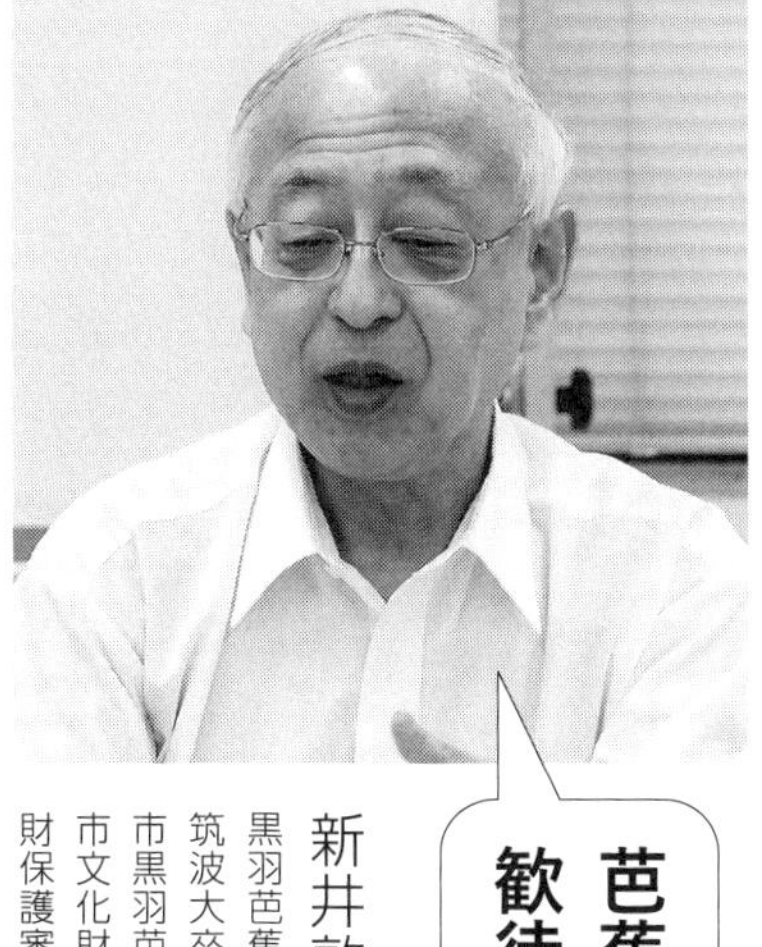

芭蕉　歓待受けて滞在長く

新井敦史さん(56)
黒羽芭蕉の館学芸員
筑波大卒、同大学院修了。大田原市黒羽芭蕉の館学芸員のほか、同市文化財保護審議会委員、県文化財保護審議会委員（現在会長）。

官に頼らず、「民間がやらねば」という土壌をつくったと思う。領主によって分断されていたら生活できない。逆に村や地域社会のまとまり、求心力が高いからこそ、分散錯綜支配を受け入れられたという見方もできる。

二宮尊徳 村の復興策実践

平野哲也さん（55）
常磐大人間科学部長
県立宇都宮高校、筑波大卒、同大学院修了。高校教諭などを経て、常磐大人間科学部教授、同学部長。

山沢　日光東照宮は『栃木県史』の中で大きな存在だ。地域から見るなら、下野の大名、民衆が造営の手伝いをしている。日光社参では何万というお供が街道を通って、下野を体験する。8代将軍の吉宗は、帰りに足利学校を見るように勧めている。幕末には官軍がしばらく駐留し、家康がまつられた東照宮を毎日、代わる代わる見学している。彼らが下野のどこに刺激を受け、地域の人がどう対応したのかを見ていくと、栃木の特徴が分かるだろう。

平野　国家的な東照宮の役割は研究されているが、地域からの視点は重要だ。

新井　江戸時代、下野は街道や舟運が発達した。

平野　下野は交通の要衝で、主要な街道は国家的な道として整備され、江戸中後期には数々の脇街道が発達した。陸上交通とタイアップして舟運も発達した。安く大量に運ぶのは舟。領主荷物の輸送を請け負う御用河岸が江戸前期に栄え、やがて商品生産、流通の発展を背景に、民間の商品荷物との競争が起きて新しい河岸が続々誕生した。陸路、水路を通じて、下野には人も文化も入ってくる。

新井　こうした街道を使って旅をしたのが、『おくのほそ道』で有名な松尾芭蕉だ。下野国内に22日いたが、黒羽に14日と旅の中でも最も長く滞在した。門人で黒羽藩の城代を務める浄法寺桃雪(じょうぼうじとうせつ)と弟に会うために訪ねたが、そこで黒羽の人から歓待を受けた。案内されて名所旧跡、寺社を回り、それを発句にし、何日もかけて連句をつくった。充実した日を送ったことで、滞在が長くなったと考えている。

山沢　『おくのほそ道』に描かれた地域の人たちとの豊かな触れあいは、現代の我々が読んでも響く。

新井　芭蕉の句碑は、沖縄以外の全都道府県にある。芭蕉を慕う人、基本的に俳人が多いと思うが、五十回忌、百回忌、二百回忌など折々に建てている。その地域の句でなくてもいい。

平野　句を読んで、現地に行ってみたいと考える人もいたのだ

思川沿いにあった乙女河岸の再現模型（小山市立博物館）

ろうか。

新井　『おくのほそ道』はベストセラーで、それに影響された俳人が歩いていた。

平野　下野の農民の話だが、私は農民の消費について注目している。お金を払って酒を飲むし、派手に祭りもやり、旅行にも行く。これまでの貧しい農民像に修正が必要だ。下野は特産物大国で那須の紙とたばこ、真岡の木綿、足利、佐野は織物、結城紬もある。都賀、安蘇は麻や石灰、足尾の銅もある。幕末には、すばらしい農耕彫刻も作られている。優良農法を記した農書がたくさん生まれ、農耕の技術も進化した。

二宮尊徳像（日光市歴史民俗資料館・二宮尊徳記念館前）

山沢　コメの消費も重要だ。鹿沼の山村ではコメを買って食べていた。

平野　下野の農村の特徴として、二宮尊徳が入って報徳仕法を実践したことが挙げられる。疲弊した村の復興策だった。

山沢　尊徳と仲違いして、独自に復興した村もある。

東照宮
民衆も造営手伝う

山沢学さん（52）
筑波大准教授
県立宇都宮高校、筑波大卒、同大学院修了。芳賀町教育委員会町史編さん係嘱託などを経て、筑波大人文社会系准教授。

平野　江戸時代後期の下野には浪人が多く徘徊(はいかい)していた。背景には、小藩分立で治安が統制しにくいということもあった。

山沢　犯罪を起こしても、隣の領地に逃げれば、とがめられない。

平野　地域では、浪人を取り締まるのに別の浪人を用心棒に雇うこともあった。農民からすると背に腹は代えられない。浪人も村もウィンウィンの関係を築くというのが、民間社会のしたたかさともみえる。

山沢　最後に地域の歴史を学ぶ大切さについて考えたい。「栃木県の歴史なんて調べて何になるんですか」、「おもしろいんですか」と、地元の人や栃木県出身の学生から言われたことがある。歴史から色々学べ、地域の良さも浮かび上がる。きょうの先生方の話を聞くと、栃木に自信が持てる。栃木の歴史にもっと関心を持ってもらいたい。

平野　失敗も含めて、先人たちの積み重ねてきた歴史を現在と結びつけて振り返る必要がある。先人がこの地で生きてきた経験から、現在や将来に生かせるヒントも得られる。我々ももっとがんばらないといけない。

江戸

「関ヶ原」前哨 小山で軍議

――家康 宇都宮で戦勝祈願か

「征夷大将軍源家康」と刻まれた擬宝珠（宇都宮二荒山神社）

「天下分け目の関ヶ原」といわれる関ヶ原合戦。その少し前、徳川家康が合戦を決めた重要な会議が、小山で開かれたという。江戸時代シリーズは、その「小山評定」からスタートしよう。

1598年に豊臣秀吉が亡くなり、家康は五大老筆頭として影響力を強めていた。五大老の一人の上杉氏が上洛（じょうらく）せず、領国会津の城の補修や新城建築を進めていたのを、家康は謀反の意思ありと判断、1600年、諸将に会津攻めを命じた。

家康も大坂を出発、関東に入った後で、上方で石田三成が挙兵したとの情報を得る。家康は対応を諸将と検討するため、7月25日に小山で軍議を開いた。これが世にいう「小山評定」だ。この結果、三成挙兵への対応を優先し、駿河から西の豊臣系諸将は西上することになった。

家康自身はすぐに出発せず、8月4日になって小山から舟で江戸に戻った。この間、家康は小山で状況を見極めていたとされてきたが、宇都宮短大の江田郁夫教授(62)は「小山評定後、宇都宮に来ていた」との仮説を立てている。

『栃木県史』によると、徳川軍が西上に全力を発揮するためには、上杉軍とそれに呼応する恐れのあった常陸の佐竹氏の封じ込めが重要だった。このため大田原城に加勢をし、指揮のため服部半蔵、皆川広照を派遣、鉄砲も配備していた。

江田教授は「宇都宮の本営にいた息子秀忠と詳細を打ち合わせ、宇都宮明神(宇都宮二荒山神社)に戦勝を祈願したと考える」とする。

それを裏付けるものとして、1605年7月に完成した宇都宮明神社殿を記念し、「征夷大将軍源家康」と刻んで本殿に飾られた擬宝珠をあげる。家康は1603年に将軍となって江戸幕府を開き、1605年4月にはすでに将軍位を秀忠に譲っている。江田教授は「自身が祈願し、その御利益で将軍になれたからこそ、将軍と刻ませたのだろう」と話す。

最近、栃木県立博物館の調査で、小山評定の約60年後に書かれた『会津四家合考』に、「家康と秀忠が宇都宮城にいったん入り、会津と上方の状況を見極めた」と記されているのが分かった。同博物館の飯塚真史・人文課長(46)によると、これは当時、宇都宮城主だった蒲生氏に関する話を記載した部分で、「同時代の史料ではないので事実とするのは危険だが、興味深い」という。

さて、小山評定について、十数年前から、実際に開催されたのか疑問が示され、専門家の間で論争が続いている。根拠となる同時代の史料がないことなどを否定論者は指摘する。今のところ、開催されたとの意見が多数派のようだが、今後の議論を見守りたい。(A)

小山市役所敷地内にある「史跡小山評定跡」碑

小山市で行われた小山評定の劇

江戸

家康 頼朝尊び日光選ぶ

——東照宮 祭祀の確立の場に

江戸幕府を開いた徳川家康は1616年、静岡市の駿府城で死去した。遺体は市内の久能山に埋葬され、遺言によって1年後に日光にまつられた。

遺言は、家康が信頼する天海、崇伝の2人の僧と、側近の本多正純に直接伝えられた。久能山への埋葬は、神道によって行われたが、家康の神号をめぐり、「権現」を主張する天海と、「明神」を薦める崇伝とで論争があったという。

結局、天海が豊臣秀吉をまつる豊国大明神を引き合いに出し、滅亡した豊臣家になってもよいのかと述べ、権現が採用され、「東照大権現」になったと伝わる。ただ、天海に詳しい大正大の中川仁喜准教授(46)は「同時代の史料には、2人が面と向かって論争した様子はない」という。

権現というのは、仏菩薩が衆生を救うため、日本の神に姿を変えて現れること。家康は死後に神となることを望んだ一方で、仏教にも深く傾倒していた。中川准教授は「天海は、神仏習合で家康をまつる必要性を2代将軍秀忠や周囲に訴え、説得したのではないか」とする。

遺言で家康は「日光で八州の鎮守になろう」とも述べている。つまり、関東8か国の守り神になること、ひいては日本の恒久平和を望んだのだ。日光に来たことのない家康が、なぜ日光を指定したのか。諸説あるが、中川准教授はそこにも天海の存在があったと考えている。

家康が天海と出会ったのは、亡くなる約5年前といわれ、家康は比叡山の僧だった天海の学識の高さを評価していた。その後、天海は関東天台宗の本山となった喜多

遺言により家康は日光にまつられた（日光市、日光東照宮）

院（埼玉県川越市）に入り、関東の天台宗寺院を差配することになり、家康から日光山の貫主を命じられている。

家康は源頼朝を尊敬しており、頼朝は日光を大事にしていた。中川准教授は「日光は勝道上人が開山して以来の関東の聖地。日光の常行堂はかつて頼朝堂とも呼ばれ、東照宮建立で移転したときに頼朝の遺骨とされるものが見つかっている。天海は、日光と鎌倉将軍家との関係を詳しく説明しただろう」と話す。

遺言では「日光山に小さな堂を建てて勧請せよ」とされていたが、東照社（後に東照宮）造営については、小山藩主の本多正純が総奉行に選ばれ、藤堂高虎や下野国の大名、旗本と隣国の大名が参加。本殿、拝殿、御供所、楼門などがある大工事となった。3代将軍家光の建て替えで、さらに大規模となる。

「東照宮は家康をまつる場というだけでなく、祭祀の確立のための施設。天海の計画もあったろうし、家光は祖である家康を引き継ぐ自分の正統性を示したかったはず」と中川准教授は説明する。（A）

徳川家康公坐像（日光山輪王寺蔵）

百物揃千人武者行列（日光市）

江戸

天海　日光山再興へ戦略

――二社一寺包括し権威確立

天海は、一時衰えた日光山を立て直し、日光再興の恩人と伝えられている。その功績はどのようなものだったのだろう。

天海は会津高田（福島県会津美里町）で地元の豪族蘆名（あしな）氏の一族として生まれた。地元で出家後、宇都宮市にあった粉河寺で学び、比叡山に上った。三井寺（園城寺）や興福寺、足利学校などでも学んでいる。栃木県内では、慈覚大師円仁ゆかりの新宗光寺（真岡市、現・全水寺）の住職を兼務し、宗光寺（真岡市）を復興した。

戦国時代、日光山は北条氏に味方したため、豊臣秀吉によって寺領は屋敷・門前と足尾村を残すのみと、大幅に削られていた。1613年に天海が貫主として日光に入った時には、中世以来の宗教都市の活気は失われていた。

東照宮が置かれたことで、日光の性格は変わる。大正大の中川仁喜准教授（46）は「日光を単なる霊地から国家祭祀（さいし）の中心とした」と語る。3代将軍家光の建て替えで、日光はほぼ今に伝わる壮麗な形となった。『日光市史』によると費用は金56万8000両、銀100貫目、コメ1000石。すべて幕府がまかなった。中川准教授は「史料には残っていないが、建て替えの具体的プランには天海の意向が反映された」とする。

筑波大の山沢学准教授（52）は「歴代の将軍にとって、日光は正当な将軍としての地位を示す場所だった。家光は建て替え費用を聞いて、『安かった』ともらしたという言い伝えも残っている」と説明する。

輪王寺、東照宮、二荒山神社の二社一寺を包括する日光山の運営体制も整えられた。まず、寺社が集中する山内地区から民家を移転させる。山沢准教授はその意味を「聖俗分離を図った」とみる。山内には、東照宮に参拝する大名が宿舎とする寺院が整備された。移された民家は鉢石など門前町を形成、日光の祭事の担い手や大名の家来らの宿として使われることになる。

天海は43年に江戸で没し、日光へ運ばれて埋葬された。天海が最後まで願ったのは、天皇の皇子を日光山の代表とすることで、それは55年に実現する。輪王寺宮は、東の比叡山という意味で山号を東叡山とした寛永寺（東京都台東区）に常駐しながら、日光の輪王寺を支配、比叡山延暦寺にも影響を及ぼし、天台宗の実権を握る。幕府の権威を天皇家によって裏付けるという天海の戦略はそこで完成した。日光神領と呼ばれる領地は1701年までに2万5106石となった。

木造天海坐像（国指定重要文化財、日光山輪王寺提供）

日光山輪王寺の今井昌英執事長(66)は「天海大僧正は今の日光を語る上で忘れてはならない方なのです」としている。（I）

天海が学んでいた足利学校跡（庫裡：足利市）

日光流鏑馬（日光市）

江戸

日光社参で権力誇示

——十数万人お供 宿に民家徴用

徳川将軍家が徳川家康の墓所がある日光東照宮へお参りに行く「日光社参」は、1617年から計19回行われた。

『宇都宮市史』によると、当初は簡素なものだったが、3代家光の時代に徳川家の権力を誇示、象徴する場となり、莫大な費用がかかるようになった。このため4代家綱の時にいったん中断され、1728年に8代吉宗が再開した。その際のお供の人数は13万3000人、使用した人員が22万8306人、馬が33万5940頭で、関東8か国から助郷として集められたという。

実際の社参がどのようなものだったのか、最後となった1843年の12代家慶のケースで見てみよう。宇都宮城や日光社参を取り上げた『宇都宮城のあゆみ』（宇都宮市教育委員会）の編集に携わった元小学校教員の神野安伸さん（62）によると、3月に幕府の役人が道の安全確認のために派遣され、危険箇所がないか巡視した。利根川を渡る場所には50艘以上の舟を並べ、臨時の船橋を架けた。

沿道の町や村では全ての家屋の広さや間取りを図面にして提出させ、それを基にお供の宿割りが決められた。沿道の庶民にはお触れが出され、社参行列が通る際、家では女性と子どもは軒下、男性は土間で平伏し、道ばたでは並木より5～6間下がり、女性を前に男性を後ろにして土下座するよう指示された。

4月12日午後10時に先頭が江戸城を出ると、各大名はほぼ2時間おきに出発。行列は14万～15万人に及び、先頭が岩槻（埼玉県）に達しても最後尾は江戸城にいたと伝えられている。将軍は岩槻城、古

河城に宿泊し、宇都宮城では、普段は藩主が居住する二の丸御殿に臨時につくられた御座所に泊まった。

宇都宮城下の武家屋敷、寺院、大きな民家も徴用され、将軍の随行者の宿舎にあてられた。神野さんは「家を徴用された住民は、庭の片隅に仮屋を建てて寝ていたそうです」と話す。

16日には宇都宮城を出発し、17

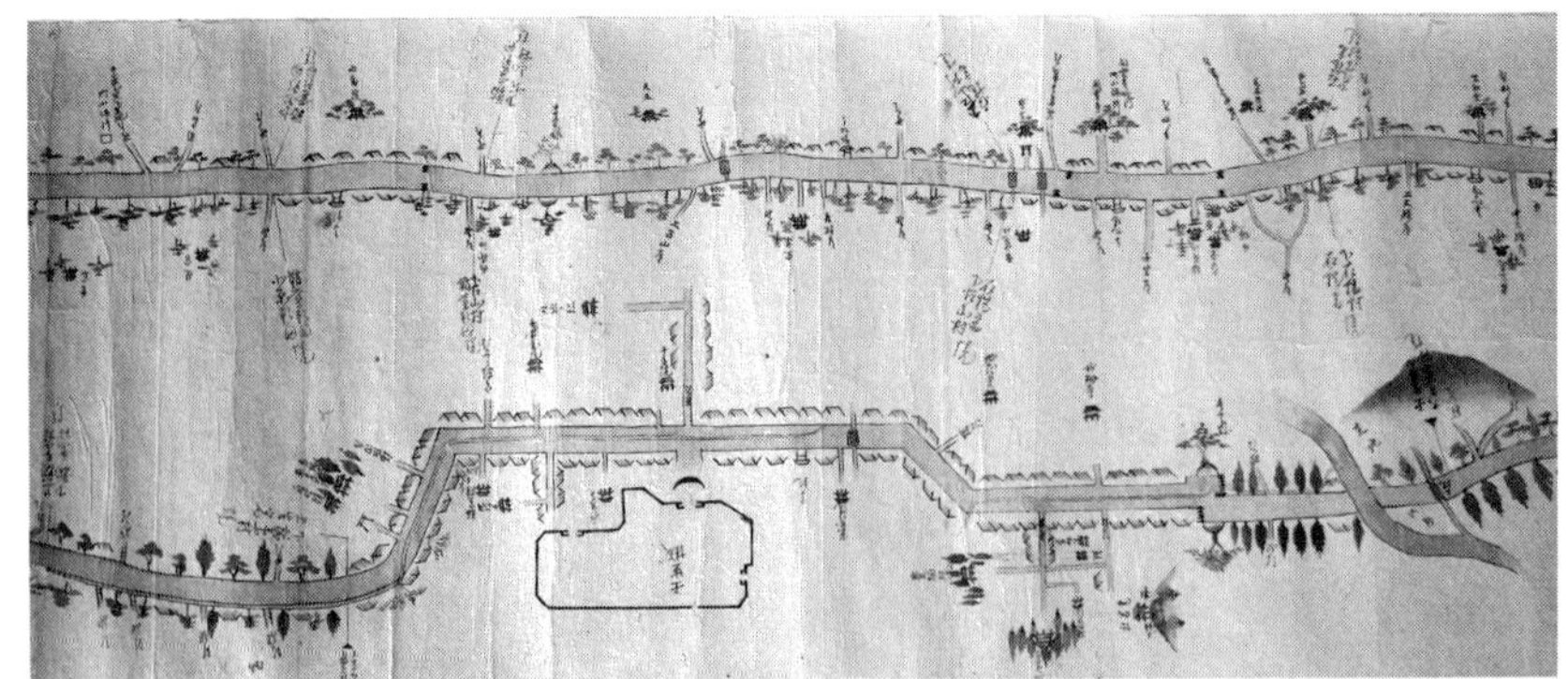

日光社参のために描かれたと思われる絵地図。日光街道（上）と壬生通り（下）が描かれている（栃木市太平山神社蔵）

日光御社参之図（栃木県立博物館蔵）

日に日光東照宮を参拝している。

宇都宮は17世紀前半、大きく都市改造が行われた。1619年に小山藩主から宇都宮藩主となった本多正純は、宇都宮城の従来の外堀の外側に、新たな外堀をめぐらして城内を拡張、城の東側を通っていた奥州街道を城の西北部に大きく迂回させ、日光街道が途中で分岐するようにした。街道沿いには新しい町が形成された。「交通網が整備され、社参の際のお供の宿泊場所も確保しやすくなった」と神野さんは説明する。

実は、この本多正純の時代に有名な「宇都宮釣天井事件」があった。次回、事件の真相を探っていこう。（A）

2匹の蛇が橋になったという伝承がある神橋。現在のような朱塗りの橋になったのは東照宮の大造替時からとされる（日光市）

徳川家康の33回忌の年に日光東照宮の参道並木として寄進された杉並木（日光市）

江戸

本多正純失脚に「策略」

――宇都宮城巡り 秀忠派密謀か

1622年4月、2代将軍徳川秀忠が家康の七回忌で日光社参を行った。日光で祭儀に臨んだ秀忠は帰路、宇都宮ルートではなく、急きょ、壬生を経由して強行軍で江戸城に帰った。

表向きの理由は「御台所（みだいどころ）の病気」だが、家康の長女で秀忠の姉の亀姫から、秀忠あてに書状があったためと伝わる。書状の内容は明らかでないが、宇都宮城にはすぐに幕府の調査が入っている。

宇都宮城に何か疑惑があったのだろうか。日本城郭史学会委員の笹崎明さん（62）は「後に本や芝居で、宇都宮城主の本多正純が将軍の宿所となる宇都宮城内に釣り天井を仕掛け、将軍暗殺を図った『宇都宮釣天井事件』があったと流布されました。しかし、調査で釣り天井の仕掛けは見つかりませんでした。話は創作です」と語る。

おとがめがないまま8月となった。出羽山形の最上氏が改易され、幕府年寄だった正純は山形城の接収に行った。そこで突然、幕府派

「宇都宮釣天井事件」をでっち上げられた本多正純は失脚した（宇都宮市宇都宮城址公園）

復原された山形城本丸一文字門（山形県山形市）

遺の役人から「御奉公よろしからず」を理由に宇都宮の領地没収が伝えられた。代わりに出羽由利郡（秋田県由利本荘市）5万5000石を与えるとされたが、正純は「おろそかなる節など毛頭ない」と返上。それを聞いた秀忠は大いに怒って改易を命じ、正純は尋問され、公儀の罪人となってしまう。

あまりにも厳しい措置だが、笹崎さんは「徹底した正純追い落としの策略と考えられています」と話す。

当時の正純を取り巻く状況を整理してみよう。正純は家康の側近・本多正信の子で、正純自身も家康の側近となった。家康は将軍職を子の秀忠に譲り、大御所として駿府城（静岡市）に移ったが政治の実権は手放さず、正純も家康の信頼のもとで権力を握った。

家康が亡くなると、正純は江戸城に移り、年寄筆頭となった。しかし、秀忠の周囲には酒井、土井氏ら側近がおり、正純は浮いた存在に。『宇都宮市史』は「秀忠派の老臣たちは正純を敬遠しはじめ、追い出したいとの意向が湧き上がったと推測される」と説明する。

もう一人、正純に反感を持っていたのが亀姫とされる。亀姫は奥平家に嫁ぎ、子の家昌は関ヶ原合戦の論功行賞で宇都宮城主となった。家昌の子の千福は幼くして宇都宮城主を継ぐが、古河城（茨城県）に移封となってしまう。そのあとに小山城主の正純が奥平家より5万石も多い15万5000石で入封した。

正純後の宇都宮城主には、亀姫が望んだとおり千福が復活。笹崎さんは、正純追い落としの動きは反正純派と亀姫が連携したのではないかと考えている。

正純は幽閉され、出羽横手（秋田県横手市）で亡くなった。家康から絶対の信頼を得て、県内でも日光東照宮の造営、宇都宮の都市改造と活躍した正純。『宇都宮市史』は「悲劇の人物」と評している。

（A）

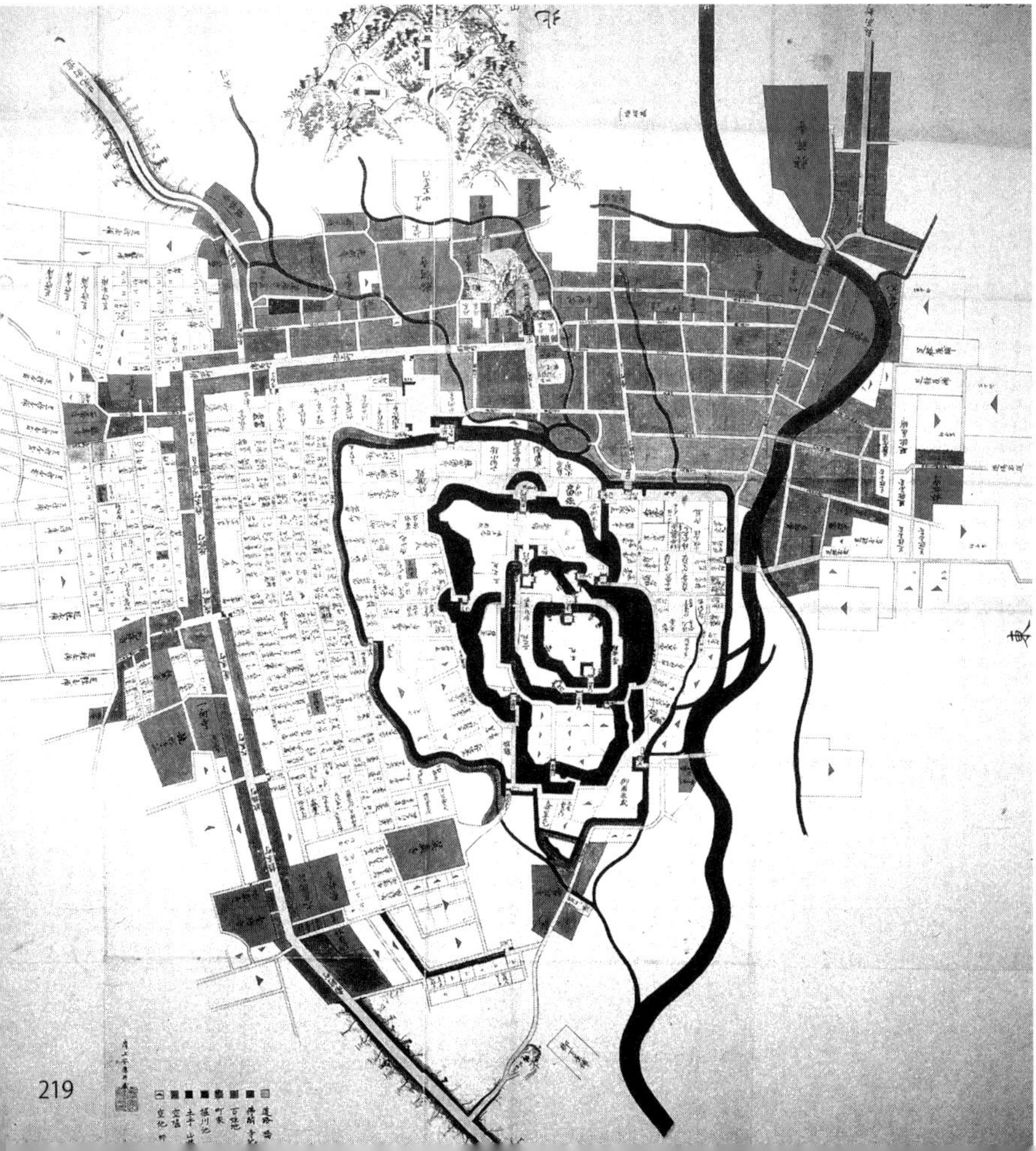

宇都宮御城内外絵図（宇都宮市教育委員会提供）

江戸

下野に新参　出世コース

――徳川ゆかりの大名も入封

江戸時代初期、徳川家康に近い藩主が入封した下野国は、3代将軍家光の時代になると、幕閣として台頭してきた新参譜代大名の出世コースに組み込まれた。

『栃木県史』によると、当時、江戸城に近い武蔵国忍、川越、岩槻、下総国佐倉などに、老中となった大名が配された。その外側の下野には、将軍側近から六人衆（後の若年寄）となった新参大名が置かれた。

彼らは、老中に昇進すると武蔵国の諸城に転封するのが通例で、例えば、阿部忠秋は六人衆となった後、壬生に新大名として入り、老中になると忍城に移った。岩槻藩主の嫡子だった阿部重次も譜代大名として鹿沼に入り、老中となると岩槻藩を相続した。

他に、徳川家ゆかりの大名が入封した。家光の乳母春日局（かすがのつぼね）の子である稲葉正勝が真岡藩主に、皆川広照の信州移封後の皆川藩には能見松平家の松平重則が入って皆川藩が一時再立藩した。だが、譜代大名は昇進すると所領を替えることが多く、下野国の中南部は目まぐるしく領主が交代した。

こうした大名の移動も、政権の安定する18世紀前半になると少なくなり、例外を除けば同一の大名の支配が幕末まで続くようになった。常磐大人間科学部長の平野哲也教授（55）は「江戸初期は反幕府の芽を摘み、徳川の支配を強化するため、幕府は大名の改易、転封を繰り返した。下野は東北とつながる要衝の地で、徳川家の聖地・日光もあるだけに、徳川家や幕府に近い大名を置く必要があった」と説明する。

下野国のもう一つの特徴は、領地の細分化だ。『栃木県史』によると、幕末時点で下野の領地は大名領が49・6％と最も多く、次いで旗本領が35・6％、幕府領11・3％、寺社領3・5％。このうち大名領は、下野国内の11藩、他国にあって下野に領地を持つ19藩の計30藩によって分けられていた。遠地の藩の場合、江戸詰めの日常生活を支える領地を江戸近郊に与えられており、下野国もそうした領地が多かった。

江戸初期、六人衆となった阿部忠秋は新大名として壬生城に入った（壬生町城址公園）

徳川家の直属家臣団である旗本も関東を中心に領地を知行し、江戸中期には下野国内に３２１の旗本知行地があった。

名主役、本陣を勤め、代官職を代行するなど要職を担った岡田嘉右衛門の屋敷（栃木市）

領地の細分化で、地域が複数の支配者によって分断されることも多かった。農民や商人は困らなかったのだろうか。

平野教授は「農民にとっては、隣村で年貢が違い確執の火種となる面もあったが、他の領地とまたがる山や用水の利用などは共同で取り決めを作り、自治を行っていた。農民は結構したたかだった」と説明。領主が異なる農民間のトラブルは幕府の評定所扱いになるため、「支配者は、農民同士の話し合いで解決することを望んでいた」と話す。（A）

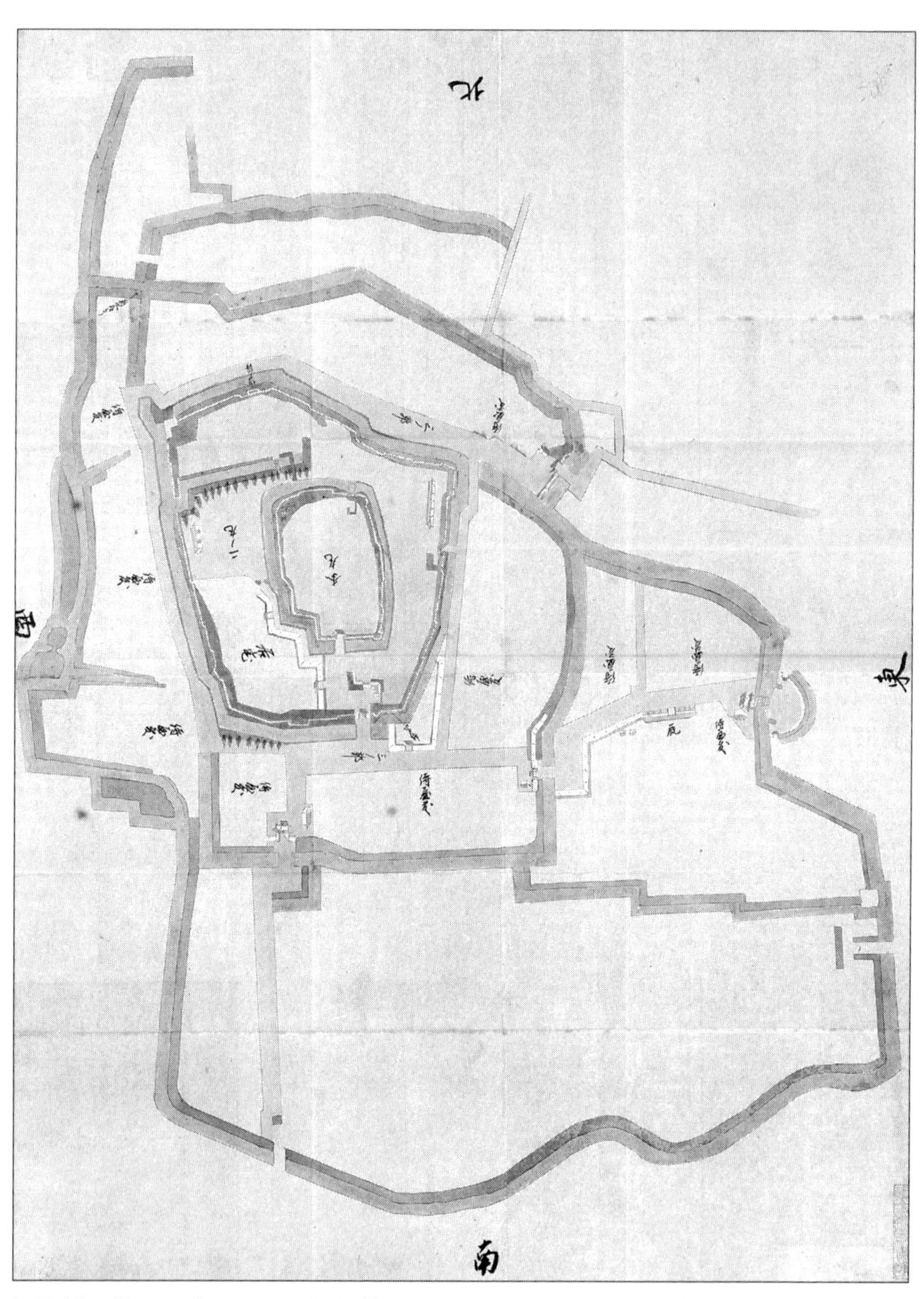

江戸時代に描かれた「下野国壬生城図」（『日本古城絵図』、国立国会図書館蔵）。元禄の改修後の壬生城を描いている

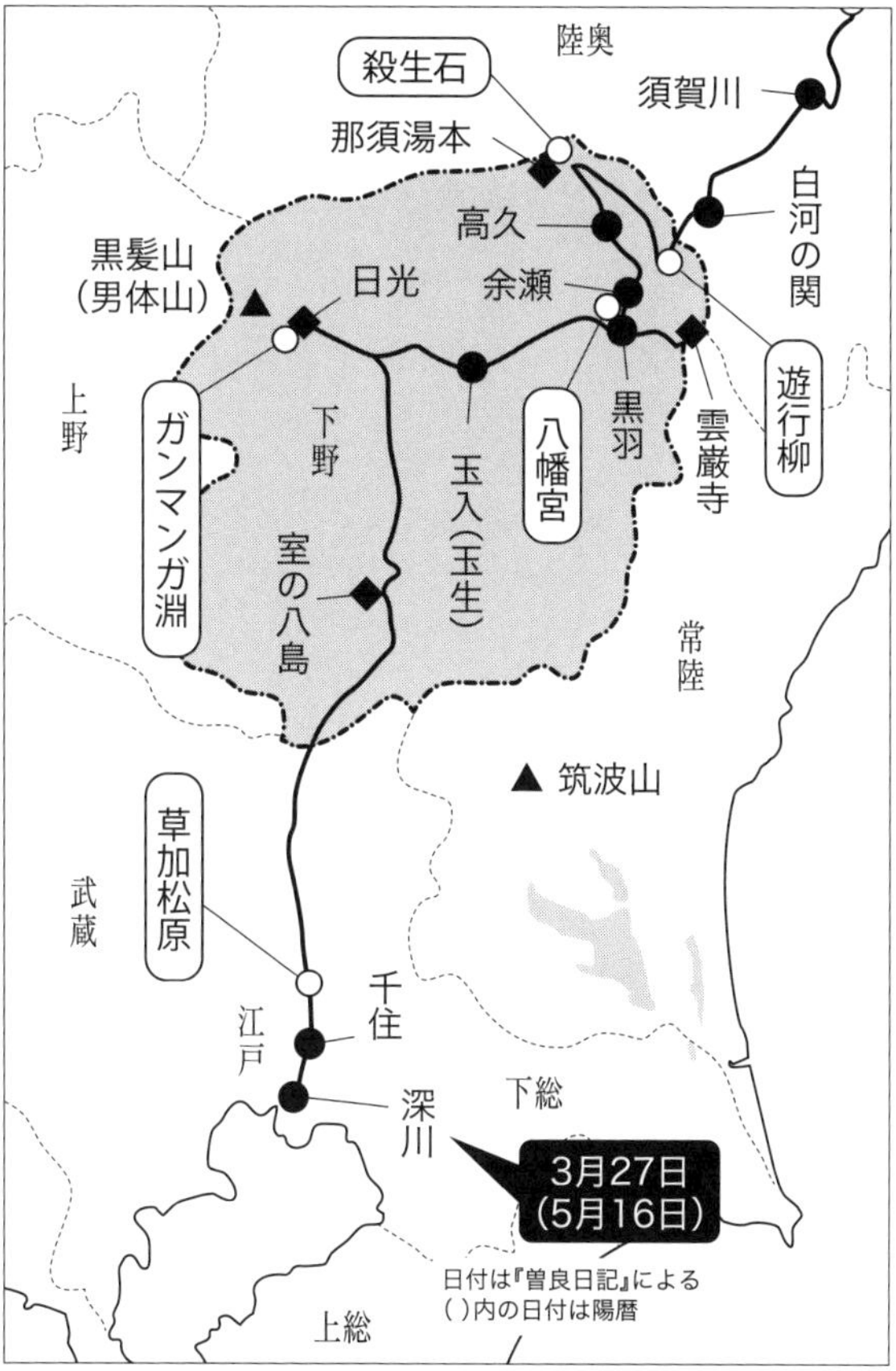

江戸から白河の関までの「奥の細道」行程図

日付は『曽良日記』による
（ ）内の日付は陽暦

江戸

下野の「奥の細道」

——黒羽で句会　那須で西行思う

俳聖・松尾芭蕉は1689年3月27日（新暦5月16日）、江戸を出て「奥の細道」の旅に出る。大垣（岐阜県）までの約150日間のうち、黒羽（大田原市）には14日間と最も長く滞在した。

俳諧は和歌と違い、「俗語」で詠めたことから、町人にも流行したとされる。「滑稽さ」を求める俳諧にあって、芭蕉は古典的詩歌の伝統も踏まえつつ日常的なものを素材とする独自の流儀「蕉風（しょうふう）」を生み出した。

奥の細道の旅は、地方俳壇の開拓と、歌枕の地の巡礼により詩歌の伝統を探ることが目的だったとも言われる。

出発翌日に下野国に入り、間々

田（小山市）に1泊。栃木で歌枕の「室の八島」の場所を見て、日光では東照宮を参拝、「あらたうと青葉若葉の日の光」の句を詠んだ。その後、矢板、大田原城下を過ぎ、余瀬（大田原市）に住む知人の黒羽藩士鹿子畑翠桃の屋敷に着いた。

　黒羽では鹿子畑の屋敷に5泊、鹿子畑の兄で当時黒羽城代を務めていた浄法寺桃雪の屋敷に8泊した。大田原市黒羽芭蕉の館の新井敦史学芸員（56）によると、兄弟は家族とともに江戸にいた時期があり、俳句を通じて芭蕉と知り合いだった。

　兄弟は連日、芭蕉を歓待し、芭蕉自身も「思ひがけぬあるじの悦び、日夜語つづけて」と、話が尽きなかったと語っている。兄弟の知人も交え、連句の会も開いている。

　また、芭蕉は、江戸で参禅した師・仏頂禅師が修行した雲巌寺（大田原市）まで、浄法寺の屋敷から往復約24キロを歩き、その時の様子を「若き人おほく道のほど打さはぎて」と、若い人がにぎやかに談笑して楽しい道中だったと記している。新井学芸員は「俳諧を深めるストイックな旅の中で、珍しく芭蕉のリラックスした光景が浮かびます」と話す。

　仏頂禅師の徳をしのんで詠まれた句が「木啄も庵はやぶらず夏木立」だ。

　梅雨の時期とあって雨も多かった。雨の晴れ間、芭蕉は鹿子畑の屋敷に近い九尾狐伝説ゆかりの玉藻稲荷神社周辺を歩き、那須与一ゆかりの那須神社に出向いている。

　黒羽を旅立った芭蕉に浄法寺は馬を貸し、家臣も同行させた。那須湯本（那須町）に入った芭蕉は、那須与一ゆかりの那須温泉神社に参拝し、殺生石を見学。奥州道中の芦野（那須町）で歌人・西行ゆかりの遊行柳を見て、「田一枚植て立去る柳かな」の句を残し、福島県境を越えてみちのくの旅を進めていく。

　この句について、西行学会会員の木村康夫・那須文化研究会長（72）は「芭蕉は柳に西行を見ている。奥の細道は芭蕉が敬愛する西行の跡をたどる旅だった。那須野

が原には西行伝承も多く、興味の尽きない旅だったのではないか」と話している。（I）

大田原市黒羽芭蕉の館前にある、馬に乗る芭蕉と歩く曽良のブロンズ像

芭蕉が宿泊した鹿子畑翠桃邸跡（大田原市）

江戸

下野の農民　凶作越えて

――商品作物増え　学び・娯楽広がる

江戸時代、農業生産は飛躍的に増えた。それが江戸社会発展の原動力になったという。

『ふるさと栃木県の歩み』（栃木県教育委員会編集、栃木県文化振興事業団発行）などによると、江戸初期、戦国時代の軍役から解放された農民は農業に専念できるようになり、一人で使いこなせる鍬（くわ）などの農具も普及。この結果、それまで大規模経営者に隷属していた農民は、小規模ながら家族単位で自立できるようになった。

農業技術も進歩し、領主は積極的に新田開発を行った。水利の悪い洪積台地や、鬼怒川など大河川の近くで水害の頻発した場所も開発した。さらに、たばこや麻、かんぴょう、織物などの特産品も生産され、徐々に農民の手元に余剰もできた。

しかし、享保年間（1716～36年）を過ぎる頃から下野の農業は極度の不振に陥った。生産過剰で米価が値下がりし、干鰯（ほしか）、〆粕（しめかす）といった肥料が値上がりするなど、特に米作に不利な条件が重なった。

しかも、18世紀半ばから19世紀半ばにかけて、記録的な異常気象で凶作が続き、農民の出稼ぎや失踪、病死などで農家人口が減少。下野では1721年から1834年までの間に38・9％も激減した。このような減り方は全国では下野のほかに常陸国のみだったという。

こうした状況から、当時の農民は貧しい生活を余儀なくされたと考えられてきた。でも、常磐大人間科学部長の平野哲也教授（55）は「残っている史料からは、そうとも言いきれない」と話す。

平野教授によると、この時代、不利になった米作が縮小する一方で、真岡木綿などの新たな商品作物が

「養蚕・農耕図の屏風」（部分、江戸時代、栃木県立博物館蔵）

増えた。村には酒屋ができ、農民は現金を払って仕事帰りに一杯やっているし、お伊勢参りに出かける者や、芸能、武芸、俳句、狂歌に取り組む者などがいて、娯楽や趣味も広がっていた。村にも休日があり、若者の要求で休みの日が増えたりもしている。

「よりよい暮らしを求める農民は、村が認めた上で江戸などへ出稼ぎに出ている。この時期の貧しいイメージは、年貢をまけてもらうため、領主に対して農民がことさら貧しさを強調したからではないか」と平野教授は考えている。

19世紀になると、地域で農業技術、農業経営の改善についてまとめた『農書』が作られ、受け継がれた。優れた農書も農民が読み書き、計算ができないと無意味となる。手習塾や私塾が各地に出来て、農民も学び始めている。

平野教授は「農民もいいものを食べ、いいものを着たいと前向きに生きていた」と話している。

（A）

名主の家にあった宿場の旗（小山市立博物館蔵）

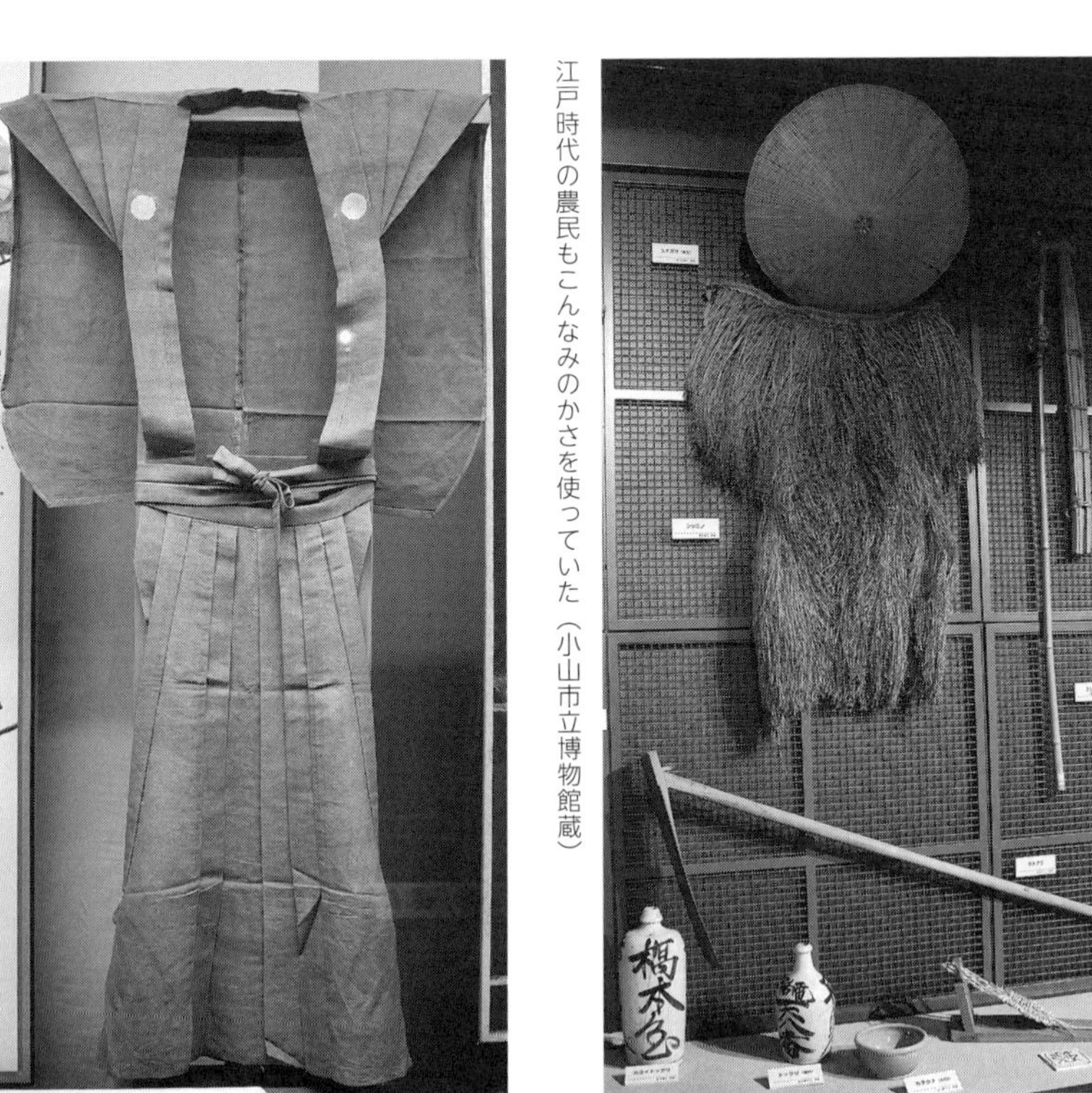

江戸時代の農民もこんなみのかさを使っていた（小山市立博物館蔵）

名主が領主に会う場合などはかみしもを着用していた（小山市立博物館蔵）

「浪人」を描いた絵（東京都立中央図書館特別文庫室蔵）

江戸

浪人横行 村が治安組織

――「悪党」捕縛 褒美など取り決め

江戸時代、様々な事情で仕える主のいない武士のことを浪人と呼んだ。中期以降になると、下野国では村々を浪人が徘徊し、社会問題となった。

『徘徊する浪人たち』の著書がある元栃木県立文書館職員の川田純之さん（62）によると、戦国末期から江戸初期にかけて多くの大名が改易となったことで浪人が発生、彼らは他大名に再仕官したほか、町民、農民となったケースもあったという。

浪人の多くは城下に住んだが、中には村々を徘徊し、宿泊を依頼したり、金銭や食事を要求したりする者もいた。江戸中期以降になると、村にも貨幣経済が浸透する中で、浪人だけでなく無宿者なども横行し、治安の悪化が進んだという。特に下野国は事態が深刻で、川田さんは「下野は大名領、幕領、旗本領、寺社領が複雑に入り組んでおり、問題を起こしても、簡単に他の領内に逃げ込めたのが大きい」と解説する。

これに対し、もともと用水や山などの利用で領地を越えて協力し合っていた村々は、治安を目的にした組織「組合村」を結成する。例えば、鹿沼宿西部の12か村では、「悪党を捕まえたら訴え出る」「村に浪人を置かない」こと、悪党などを取り押さえた者への褒美、費用負担などを申し合わせている。

問題を重視した幕府も1805年、「関東取締出役」（いわゆる八州廻（まわ）り）という広域取締機関を設置、関東各地をくまなく巡回し、治安対策に乗り出した。27年には関東全域に協力機関として「改革組合村」の結成を指示し、領主の別に関係なく近隣数十か村で一つの組織を作らせた。

しかし、こうした改革も治安の悪化を完全に食い止めることはできず、浪人らが村に来ては無理な要求をするトラブルが続いていた。そこで出てきたのが、村と浪人との契約だ。

『南河内町史』によると、河内郡別当河原村（下野市）では浪人らが村に立ち入らないように、複数の有力浪人との間で1年間の契約を交わしている。村は契約に伴い、浪人側に金3分2朱を渡している。川田さんによると、この契約書と同じ内容のものが、下野国の広範な村々だけでなく常陸、下総国の村にも残っているという。

黒沢明監督の映画「用心棒」の主人公のように、宿場町の平和を取り戻す浪人の活躍もあったのだろうか。川田さんは「県内の史料ではそこまで具体的な姿は分かりませんが、契約の効果があったのか、一時的には村の記録から浪人が来たという記述がなくなります。ただ、浪人らが契約金の前借りや契約の強要をするようになると、契約は信用を失い、長くは続きませんでした」と説明する。（A）

新田、小金井、飯塚三宿のほか42か村組合の榜示杭（下野市教育委員会蔵）
放火、盗賊、無宿、悪党どもが徘徊した場合は捕縛することと書かれている

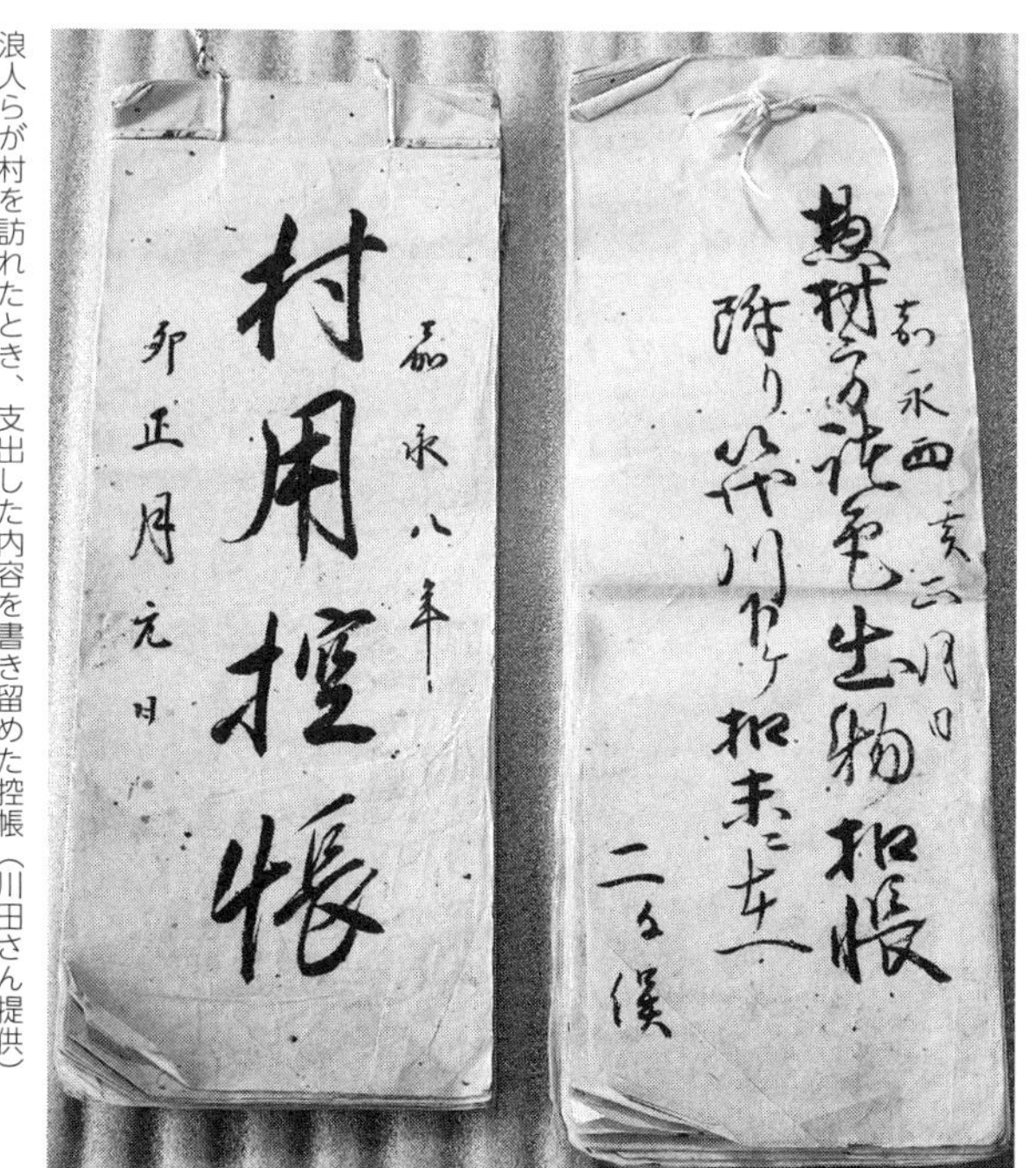

浪人らが村を訪れたとき、支出した内容を書き留めた控帳（川田さん提供）

幕府や領主からの法令、お触れなどは高札に書かれ、高札場に示された（小山市立博物館蔵）

わが町歴史館⑧ —— 神道無念流

下野の剣術家創始、全国に

——他流試合　高杉晋作に全勝？

江戸時代、桂小五郎らが学んだ「神道無念流剣術」は、下野国の剣術家・福井兵右衛門嘉平が創始した。どのような経緯で全国に広まったのだろう。

嘉平は1702年、下野国都賀郡藤葉村（現・壬生町）に生まれた。幼名は川上善太夫と称し、当時、下野国南部に広まっていた「一円流（神新影一円流）剣術」を下野惣社村（現・栃木市）の野中権内玄慶暉里（円学）から学んだ。その後、武者修行に出かけ、信濃国の山中で出会った老人との不思議な体験をもとに、剣の奥義を悟り、神道無念流を称したとされる。

38歳の時、江戸に道場を開いた。剣術は戸賀崎熊太郎に引き継がれ、門人は3000人とされる。その後継者の岡田十松の門弟には、藤田東湖、渡辺崋山、芹沢鴨、斎藤弥九郎などがいた。幕末には、内憂外患に備えるため剣術を学ぶ者が増えたという。

斎藤弥九郎が開いた「練兵館」は、千葉周作の「玄武館」（北辰一刀流）、桃井春蔵の「士学館」（鏡新明智流）と並び、江戸三大道場と呼ばれた。神道無念流は剣術に加え、「立居合」と呼ばれる抜刀術もあった。

県内の剣術の歴史に詳しい元県立高校教師植田俊夫さん（74）によると、嘉平が剣術を学んだ当時、下野南部では自衛目的もあって、豪農を中心に農民も剣術を学んでいた。嘉平が生まれた藤葉村は、災害で廃村となったが、植田さんは「嘉平も豪農の家に生まれ、剣術で身を立てることを考えたのだろう」と話す。

剣術が盛んだった壬生には、興

味深いエピソードが残っている。後に奇兵隊を創設する高杉晋作が、江戸から長州へ帰る途中、壬生に立ち寄って剣術の試合を行った。

神道無念流剣術は現代剣道にも引き継がれている（壬生町）

晋作は柳生新陰流剣術の免許皆伝で、この旅も「試撃行」と名付け、他流試合が目的の一つだった。

相手となった松本五郎兵衛は、壬生藩の聖徳太子流剣術師範であり、斎藤弥九郎から神道無念流の免許を受けた剣客。ただ、年齢は50代後半と高齢だった。

さて、結果は？　実は、それまで晋作が詳細につけていた日記が突然途切れてしまい、どうなったか分からない。元壬生町学芸員の中野正人さん（64）によると、五郎兵衛の子孫に伝わっている話では、何度か対戦したが、晋作は一度も勝てなかったという。晋作が日記を書くのをやめたのもうなずける。

植田さんによると、当時の剣術は古武道剣術として現在に伝わっており、その内容は現代剣道に引き継がれているそうだ。　（A）

わが町歴史館⑨ —— 田沼意次

下野国田沼　先祖の地か？

——「賄賂政治」像　後世の作為説も

歴史の教科書で必ず学ぶ江戸時代の政治家・田沼意次（おきつぐ）。先祖は旧田沼町（現・佐野市）にゆかりがあるという。地元の関根徳男さん（69）が約30年にわたって研究を続けている。

関根さんによると、田沼氏は鎌倉時代初期、藤姓足利氏の分家・佐野氏から分かれ、下野国安蘇郡田沼村に住み、田沼を名乗ったのが始まりとされる。鎌倉幕府に仕えるなどし、地元に残った本家は戦国時代に断絶、意次の先祖は各地を転々として、江戸時代に紀州藩に仕えた。意次の父親の代に、8代将軍となった徳川吉宗に従って江戸に出て幕府旗本となったという。

田沼氏の始まりを下野国田沼に求める説は、相良藩（現・静岡県牧之原市）の藩主だった意次を紹介する牧之原市のホームページでも採用されている。

中学校の社会科教師だった関根さんは、地元の人物を教材として取り上げようと考え、田沼氏の研究を始めた。関根さんの先祖が田沼氏一族と姻戚関係にあったことも分かり、さらに関心が深まったという。

特に関心を持ったのは意次の財政改革だった。18世紀後半、老中となった意次は、商工業者が株仲間を作ることを奨励し、特権を与える代わりに税を取った。長崎貿易では輸出品の銅の専売などで黒字化を図り、蝦夷地（えぞ）（北海道）の開発、印旛沼（千葉県）の干拓も始めた。この結果、商工業が活発となり、学問や芸術が発展した。

一方で賄賂が横行したとされ、1782年の天明の飢饉（ききん）、翌年の

愛用のパソコンに向かう関根さん（佐野市の自宅）

浅間山大噴火などによる凶作で、打ち壊しや一揆が起こり、意次は老中を解任された。
かつて、意次は賄賂政治家、悪者とのイメージがあったが、近年、大石慎三郎・学習院大名誉教授（故人）らによって見直し、再評価が行われた。関根さんもマイナスイメージについて、「クーデターで意次を失脚させた反意次派の作為、または後世に作られたもの」とみる。
また、意次の政策の失敗については、「自然災害などが重なったことが大きく、明治維新で北海道開拓など意次の政策の多くが実現している。意次の政策は100年早かった」とする。
関根さんは研究結果を本にまとめ、7冊を自費出版して、各地で講演も重ねて紹介してきた。関根さんは「意次の研究は一応終了し、今後は、意次の良い面を小説など物語形式で次世代に伝えていきたい」と話している。問い合わせは関根さん（0283－62－4332）へ。
（A）

わが町歴史館⑩ ― 歌麿①

歌麿肉筆　栃木に3点

喜多川歌麿「三福神の相撲図」(1791〜93年頃、栃木市立美術館蔵)

喜多川歌麿「鍾馗図」(1791〜93年頃、栃木市立美術館蔵)

江戸時代に商人町として栄えた栃木市で、浮世絵師・喜多川歌麿の貴重な肉筆画がたびたび見つかっている。栃木と歌麿との間にどのような関係があったのか。

2010年7月、鈴木俊美市長(当時)は記者会見で、歌麿の肉筆画2点が市内出身者から寄託されたと発表した。邪気を払う神「鍾馗(しょうき)図」と、大黒と布袋が相撲を取る「三福神の相撲図」で、1975年に県立美術館の企画展に出展されて以降、所在不明になっていた。

当時、市から歌麿の調査研究を委託された市民団体「アートなまちづくり研究会」事務局長で、発見した元新聞記者川岸等さん(66)は「2点が一度に見つかって驚いた」と振り返る。

市内では、この3年前にも赤い達磨に扮した女性を描いた歌麿の肉筆画「女達磨図」が見つかった。3点とも市が買い上げ、今も市が保有する。市によると歌麿の版画は2000点以上あるとされるが、肉筆画は40点余りしかなく、3点の肉筆画が1か所で所有されるのは極めてまれなケースという。

栃木と歌麿の関係が知られるようになったのは、1879年に歌麿の巨大な肉筆画の三幅対「品川の月」「吉原の花」「深川の雪」が市内の寺で開かれた展覧会に出展されたのがきっかけだった。その後、三幅対は売却されて栃木を離れたが、1936年に美術専門誌『美術日本』が特集で三幅対や栃木に残された複数の肉筆画を紹介した。

戦後は、浮世絵研究家の林美一氏（故人）が調査のために何度も栃木市を訪れ、歌麿と栃木の関係、存在する肉筆画を本や雑誌で紹介。林氏に触発された県立高校教諭の渡辺達也氏（故人）は独自に調査を進め、「歌麿と栃木」を出版、栃木の狂歌師と歌麿の関係などを発表している。

こうした経緯を受け、市は2009年に同研究会に調査を依頼、市を挙げて歌麿の作品探しが行われた。

最大のテーマは「深川の雪」の行方だった。三幅対は明治期に国内を離れ、フランス・パリに渡った。「品川の月」と「吉原の花」は米国に移り、現在は米国内の別々の美術館が所蔵する。「深川の雪」は日本人画商が買い戻し、1952年に東京・銀座の松坂屋で展示され、国内にあるとされていた。

「実は、栃木市内の人が保有しているという説が有力でした」と川岸さん。渡辺氏も著書の中で指摘していた話だが、結局、川岸さんも確認できなかったという。

その「深川の雪」は2012年に東京で発見され、現在は神奈川県箱根町の岡田美術館が所蔵する。「発見されたとき、やはり国内にあったかと思った。同時に海外へ流出しないで良かったと、ほっとしたのを覚えている」と川岸さんは語る。

（A）

わが町歴史館⑪ —— 歌麿②

「雪月花」栃木視点で探る

喜多川歌麿の代表的な肉筆画「雪月花」三幅対は、栃木の豪商の依頼を受けて描いたとされる。いずれも横2メートルや3メートル超の大作で、大きさが異なり、落款がなく、3作そろうまで10年以上かかったと推定されるなど、多くの謎を抱えている。

国際浮世絵学会会長の浅野秀剛・大和文華館館長（73）は、落款がないことについて「大名や寺院からの注文の場合は落款を入れないこともあるが、人気絵師の肉筆画は一般的に落款を入れた方が喜ばれる。いずれにしても注文者の意向で入れなかったはずだ」と説明する。

浅野館長によると、三幅対のうち「品川の月」が最も早く、1788年頃の制作と推定されるという。これは歌麿の出世作「画本虫撰」が蔦屋から出された年だ。「吉原の花」は歌麿最盛期の1790～92年頃、「深川の雪」は晩年の1803～04年頃の作という。

歌麿はなぜ最初の題材に月を選

歌麿を活かしたまちづくり協議会の歌麿夢芝居「恋しや恋し母子草―最終章―」の場面

び、場所を品川にしたのか。栃木側の視点を交えて推理してみよう。

ヒントは絵の中にありそうだ。絵の右上の鴨居に掛かった額に、四方赤良（大田南畝）の狂歌「てる月の鏡をぬいて樽まくら　雪もこんこん　花もさけさけ」がある。狂歌に詳しい法政大の小林ふみ子教授によると、南畝は当時の狂歌の第一人者で、この狂歌は特に庶民に好まれ、短冊や絵に何度も書き入れられたという。

歌麿は単にはやりの狂歌を入れたのだろうか。実は歌麿は三幅対に描いた複数の女性の着物に、「九枚笹」の家紋を入れている。九枚笹は依頼主である栃木の豪商・善野家の家紋で、歌麿が絵の依頼主に敬意を表したものとされる。

狂歌も同様に推理するとどうだろう。歌麿は「筆綾丸」の名を持つ狂歌師でもあり、南畝宅にも出入りしていた。つまり、歌麿は第一人者の南畝に敬意を示すため、南畝の狂歌を書き入れ、同時に絵の依頼主に「雪月花3部作を描く」と約束したと解釈できないだろうか。

品川を選んだのは、海のない下野の人に品川沖の海に浮かぶ月を見せたかったとも考えられる。品川は当時はやりの遊所で、月見の名所だった。

2番目に「吉原の花」を描いたのはなぜか。「品川の月」は栃木で披露されただろうが、栃木の人に品川はなじみがない。「もっと江戸の中心で華やかな所が見たい」との声もあっただろう。だから、次に桜が満開の吉原を描いた……。

ところで、3作品を描くのに、なぜ10年以上もかかったのか。依頼者側の資金不足の問題だったのか、人気が出てきた歌麿が忙しくなってしまったからか。それとも、歌麿があえてそうしたのか。

さて、読者の皆さんはどう考えるだろう。　（A）

わが町歴史館⑫ ―歌麿③

栃木の狂歌師とコラボ

喜多川歌麿が売れっ子浮世絵師といっても、版画の下絵ばかり描いていては収入は知れている。歌麿は当時流行していた狂歌を通じ、スポンサー獲得を目指したのではないかと考えられている。

法政大の小林ふみ子教授によると、江戸の好学の武士・町人の間で生まれた江戸狂歌は、その後、木版技術の発達などもあって流行が江戸だけでなく地方へも広がった。浮世絵や本にも狂歌が取り入れられ、「目立ちたがり屋の狂歌師は金を払って浮世絵師との合作本や狂歌入り浮世絵を作った」という。

栃木と歌麿の関係はどうだったのか。かつて栃木市の依頼で栃木ゆかりの歌麿作品を調査した市民団体「アートなまちづくり研究会」の資料によると、歌麿が絵を担当した1789年の『絵本譬喩節（たとえのふし）』に、早くも駒朝早（こまのあさはや）、小袖裾長（こそでのすそなが）、酒桶数在（さけおけのかずあり）（数有）といった栃木の狂歌師の狂歌が登場する。栃木の善野伊兵衛（通称・釜伊）の依頼で歌麿が最初に「品川の月」を制作したのは88年頃とされ、まさに栃木の狂歌師と歌麿が接点を持ち始めた頃と重なる。

しかも渡辺達也著『歌麿と栃木』によると、「品川の月」に描かれた狂歌の作者・大田南畝（なんぽ）の門下には、栃木の田畑持麿（たはたもちまろ）がおり、南畝宅を訪ねたり、仲間と南畝から狂歌の添削を受けたりしていた。狂歌師でもあった歌麿も南畝宅に出入りし、ここでも不思議と重なっている。

92年頃からは、栃木の狂歌師の作品が歌麿の浮世絵などに多数登場する。最も多いのは釜伊に歌麿を紹介したとされる善野喜兵衛（通称・釜喜）で、肉筆画「三味線を弾く美人図」「巴波川（うずま）くい打ちの図」のほか、6、7点の浮世絵に通用亭徳成の狂歌名で作品を載せている。

ほかにも、前述した持麿は柏木亭棹長の狂歌師名で、また、紺屋安染、住吉浦近、川岸松蔭などの栃木の狂歌師の作品が歌麿の浮世絵に見られる。浮世絵研究家の林美一氏（故人）は、栃木と歌麿のつながりを「特殊な関係」と評したが、確かに一地方の町としては異例だろう。

接点としてもう一つ考えられるのが、江戸と栃木を結ぶ舟運だ。日光東照宮造営の際、栃木は巴波川の舟運で江戸から物資を運ぶ中継地として発展。その後も江戸との舟運で栄えた。江戸滞在中の栃木の商人が、狂歌を通して歌麿と交流したことは十分考えられる。

市民団体「歌麿を活かしたまちづくり協議会」は毎年秋、「歌麿道中」として歌麿や、おいらんが小舟で巴波川を上る姿を再現している。同協議会の大木洋会長(67)は「歌麿は歩きより楽な舟で栃木に来ただろう。舟が栃木と歌麿を結ぶ接点だったはずだ」と話している。（A）

栃木市の歌麿道中では、おいらんが小舟で巴波川を進む姿が再現（2023年11月）

わが町歴史館⑬ — 歌麿④

栃木滞在説「紙」にヒント?

喜多川歌麿は栃木に滞在して「雪月花」三幅対を描いたとされるが、その裏付けはあるのだろうか。

大和文華館の浅野秀剛館長(73)は、栃木で見つかった「女達磨(だるま)図」「鍾馗(しょうき)図」「三福神の相撲図」の肉筆画がいずれも簡単な色遣いで描かれている点に注目。

「こうした肉筆画は、大作を描いている間に近所の人に頼まれ、アルバイト的に描くケースがある」とし、少なくとも、制作年代が同じ「吉原の花」を描く際は栃木に滞在していたと見る。

浮世絵研究家の林美一氏(故人)は、歌麿が交流のある近所の人を艶本(えんぽん)に度々登場させている点を重視。1795年以降の艶本に、「杉江の息子」「たかひやう」「さおなが」など栃木の遊び仲間と思える人名が複数出てくるのは、歌麿が栃木に滞在した証拠とした。

しかし、歌麿の栃木滞在説を裏付ける確実な証拠は、残念ながら見つかっていない。前回紹介したように、歌麿の絵に作品を載せた栃木の狂歌師が複数いる。こうした狂歌師や艶本の登場人物、肉筆画の所有者などの家に残る古文書を探せば、滞在を裏付ける史料がありそうだが……。

「狂歌師名だけで、ほとんどの場合は本名が分からない。艶本に登場する人も同じ。それに、栃木は江戸時代や明治時代の大火でかなりの面積が焼け、その時に証拠も焼けてしまったかもしれない」。市民団体「歌麿を活(い)かしたまちづくり協議会」などで長年、古文書分析に取り組む佐山正樹さん(74)は残念そうに話す。

市内の郷土史家、熊倉精一氏(故人)は自著の中で興味深いエピソードを記している。一つ紹介しよう。歌麿に「雪月花」を依頼したとされる善野伊兵衛と親交があった商家から、古文書と一緒に大きな未使用の紙の束が一抱えも見つかった。同家の古文書を預かっていた知人から熊倉氏が聞いたそうで、今から約40年前のことだ。

この商家も歌麿との関係を指摘されており、熊倉氏は「雪月花」などに使われた用紙の残りではないかと考えた。だが、残念ながら紙はすでに行方不明。熊倉氏は栃木で描かれた可能性がある作品の紙を比べたら、何か発見があるのではと思った。

そこで、記者が代わって調べてみた。「深川の雪」を所蔵する神奈川県箱根町の岡田美術館によると、紙は当時長崎に中国から輸入されていた高級紙「宣紙」で、原材料は藁(わら)と青檀(せいたん)。栃木市立美術館所蔵の「女達磨図」「鍾馗図」「三福神の相撲図」は、いずれも竹の繊維が入った「竹紙」だが、同じ紙かどうかは分からないという。

市内には、2代目歌麿の作品もいくつかあるようだ。これらも含め、栃木ゆかりの歌麿作品の紙を調べたら、興味深い結果が得られるかもしれない。　（A）

2007年に栃木市内で見つかった喜多川歌麿「女達磨図」（1790～93年頃、栃木市立美術館蔵）

わが町歴史館⑭ ―歌麿⑤

「江戸以外にルーツ」推理も

―研究家・林氏「善野一族」説

歌麿の出身地に関しては、江戸、川越、京都などの説がある。が、今のところ決め手を欠くようだ。今シリーズの最後に、栃木と関係する出生説について考えてみよう。

浮世絵研究家の林美一氏（故人）が、浮世絵専門誌『季刊浮世絵50号記念』（1972年、画文堂）で歌麿の出生について興味深い説を唱えた。それによると、歌麿は1790年、神田白銀町の笹屋五兵衛の縁で、江戸浅草の寺に「利清信女」という女性の墓をつくった。林氏は、亡くなったのは歌麿の妻と想定し、墓の紹介を受けたということは、江戸に菩提寺を持たなかった、つまり、歌麿の親は江戸の人間ではなく、他から江戸へ来たと考えた。

では、歌麿の親はどこの人で、歌麿はどこで生まれたのか。林氏は江戸以外の諸説を検証するが、どの説も資料不足で断定できなかった。だが、江戸以外で歌麿と最も関係が深い場所を探すならば、浮世絵や艶本に多くの人名が登場する栃木だとした。

林氏の推理は続き、歌麿の肖像画の着物に描かれた家紋はつながりの深かった栃木の善野家の出身地、滋賀県守山市の善野本家の家紋と同じだと紹介。歌麿と近い戯作者・唐来三和が、本の中で近江（滋賀県）などを舞台に「歌松」という人物を登場させたのは、歌麿の出生を知っていたためと推定した。こうしたことから林氏は、年代的には、守山から栃木に来た善野一族の一人が歌麿の父親だったのではないかと推し量った。

また、歌麿の出生については、歌麿が絵を学んだ江戸の絵師・鳥山石燕が歌麿の幼少期について記した文章があることなどを紹介。歌麿本人は江戸生まれで、事情があって父親とは暮らせなかったのではないかと結論づけた。

林氏の説も結局、推論を重ねたわけだが、この説は当時、栃木で大きな反響を呼んだ。現在、歌麿資料の調査研究から歌麿まつりの開催など幅広く活動する市民団体「歌麿を活かしたまちづくり協議会」の大木洋会長（67）は「歌麿で町おこしをしている私たちにとって興味深い。栃木の金持ちが歌麿のパトロンだったというだけでなく、歌麿と栃木の間にもっと深い結びつきを感じる会員も多い」と話す。

守山市出身の宇野宗佑元首相（故人）は著書『中仙道守山宿』（１９８４年）で林説を詳しく取り上げている。同市の「中山道守山宿歴史文化保存会」の川端美臣会長（79）は「市内の年配者には、この説を肯定的に受け止めている人もいる」と話す。

歌麿と栃木の関係をここまで5回シリーズで扱ってきたが、いまだに謎に包まれている部分が多い。来年のＮＨＫ大河ドラマは歌麿と関係の深い版元・蔦屋重三郎が主人公だという。これをきっかけに、歌麿と栃木の関係に目が向けられ、謎の解明が進むことを期待したい。

（Ａ）

滋賀県守山市の善野家本家とゆかりが深い比叡山東門院守山寺

あとがき

私は、定年後の再雇用で読売新聞宇都宮支局栃木通信部の記者をしている。取材エリアの栃木市は、生まれ故郷でもあるから幼なじみも多い。ある日、幼なじみと雑談中、その彼が「栃木って、自慢できる歴史がないんだよな」と漏らしたことがあった。私は過去にも宇都宮支局の勤務経験があるから、一般の人より多少は栃木県の知識がある。「そんなこともないんじゃないか」と思っていた。

その後、宇都宮支局内で2022年の読売新聞栃木版の「年間企画」のアイデア募集があった際、私が「栃木県の歴史」を提案したところ、意外にも採用され、担当となった。具体的なアイデアがあったわけではなかったが、幼なじみとの雑談を思い出し、「歴史に詳しくない友人に、取材した結果を語り聞かせるように書いてみよう」と考えた。そして、栃木県の歴史の特徴や、ぜひ知っておいて欲しい話を盛り込み、なるべく最新の学説を紹介する――を基本に取材することにした。

しかし、何万年、何千年の話を通史で書くわけで、一人では無謀な計画と思えた。そこで、歴史ファンの大田原通信部の石塚格記者を助っ人に頼んだ。石塚記者は私と同期入社で、直前は本社で同じ職場にいたから気心は知れている。それに石塚記者も宇都宮市出身の栃木県人で、話を持ちかけると快諾してくれた。こうして『とちぎ日曜歴史館』はスタートした。

同年1月に太古の話から始めた。週1回、日曜日の連載だったが、とても1年では終わらず、江戸時代まで掲載するのに丸2年かかった。途中で、通史には現れない地域史の中に、興味深い話があることを知り、随時連載の「わが町歴史館」も始めた。

通信部記者は、花が咲いた、催しが開かれたと、季節を感じながら取材することが多い。しかし、歴史連載を担当している間は、図書館に通って本や資料を読み、史跡を訪ね、専門家に取材するという孤独な作業が多かった。そうした時に幼なじみや旧友が、「この前の話はおもしろかった」と感想を話してくれたことが励みになった。

驚いたこともあった。宇都宮支局は、約30年前に日光の歴史、文化を中心にした「知られざる日光」という記事を連載していて、私はその時の担当デスクだった。今回の取材で日光市出身のある国立大の准教授に会ったとき、「あの連載を夢中になって読んでいました」と話してくれた。それがきっかけで学者になったのかどうかは聞き忘れたが、まさか今になって30年前の連載について話を聞けるとは思わなかった。

できあがった本を見て、一応、栃木県の主な歴史は収容でき、旧友に栃木県の歴史を伝えたいという当初の目標は達成できたと感じている。ただ、できるなら若い人にもこの本を読んでもらいたいと思っている。

気に入った話を覚え、大人になって他県の人と出身県の話になったとき、「栃木県にはこんな歴史がある」と話せる人になって欲しい。それは、きっと自分の生まれた栃木県を誇りに思い、大切にする気持ちに通ずると思うからだ。

そして、そのことは、出版に際し、お世話になった随想舎の下田太郎社長や、この本に登場していただいた多くの専門家の思いでもある。

2024年6月

読売新聞宇都宮支局栃木通信部　荒川隆史

年表

年代/年(西暦)	本書関連事項	年(西暦)	国内の主な歴史
3万2000年から3万前頃	上林遺跡に「環状ブロック群」(佐野市)	約3万年前	日本最古の旧石器時代生活跡(立切遺跡:鹿児島県)
1万2000年前	野沢遺跡(宇都宮市)	1万2000年前	最後の氷期が終わり、温暖化
1万2000年前から1万年前	登谷遺跡(茂木町)	1万1000年前	縄文土器の出現
6000年から5000年前	根古谷台遺跡(宇都宮市)	6000年前	気候の温暖化により海水面が上昇
5000年から3000年前	九石古宿遺跡(茂木町)	紀元前300年	稲作が本格的に伝播する
4500年前	平林真子遺跡(大田原市)	紀元前200年	青銅器の出現
2800年前	後藤遺跡(栃木市)	57年	倭奴国王、後漢の光武帝から金印を授かる
3世紀	那須小川古墳群(那珂川町)	239年	倭女王卑弥呼、帯方郡に遣使
4世紀後半	侍塚古墳(大田原市)	391年	倭軍出兵、百済・新羅を破る
5世紀前半	笹塚古墳(宇都宮市)	438年	倭王讃(仁徳?)死去
5世紀後半から6世紀初頭	塚山古墳(宇都宮市)	527年	筑紫国造磐井の反乱
5世紀末から6世紀前半	摩利支天塚、琵琶塚古墳(小山市)	538年	百済の聖王仏像及び経論を献じる(仏教伝来)
6世紀後半	吾妻古墳(栃木市、壬生町)	593年	聖徳太子摂政となる
7世紀	長岡百穴古墳(宇都宮市)	645年	大化の改新始まる
680年頃	下野薬師寺(下野市)建立される	663年	白村江の戦い
687年	新羅人を下毛野国に配置	672年	壬申の乱
689年	那須直韋提が評督に任命される	694年	藤原京遷都

700年頃	那須国造碑（大田原市）が建立される	701年	下毛野古麻呂らにより大宝律令が成立
702年	下毛野古麻呂、参議に任じられる	704年	諸国に国印を作らせる
708年	下毛野古麻呂、式部卿に任じられる		
709年	下毛野古麻呂死去	710年	平城京遷都
	下野国庁（栃木市）できる	718年	養老律令が成立
	東山道の整備？	724年	藤原宇合が多賀城築く
737年	行基により大慈寺開基	737年	天然痘の流行
741年	下野国分寺、国分尼寺（下野市）建立	741年	諸国に国分寺を造らせる
747年	武茂川（那珂川町）で金産出	752年	東大寺大仏開眼供養
761年	下野薬師寺（下野市）に戒壇設置される	759年	鑑真が唐招提寺創建
770年	道鏡が下野薬師寺に配流	765年	道鏡太政大臣禅師となる
782年	勝道上人が男体山登頂	784年	長岡京遷都
794年	慈覚大師円仁が都賀郡で誕生	794年	平安京遷都
9世紀前半	藤原秀郷の曽祖父が下野国司に子孫が定着	801年	坂上田村麻呂が蝦夷平定
939年	平将門が下野国庁を襲撃	901年	菅原道真太宰権師に左遷
940年	藤原秀郷が将門追討の功で下野・武蔵国司に	939年	天慶の乱（平将門、藤原純友が反乱）
11世紀後半	宇都宮氏の祖宗円が源氏に従い下野国に	1051年	前九年の役起こる
		1083年	後三年の役起こる
1156年	保元の乱で足利義康が源義朝陣営に参戦	1167年	平清盛太政大臣となる
1180年	寒河尼が小山朝光を連れ源頼朝のもとに駆けつける	1180年	源頼朝挙兵
1183年	野木宮（野木町）合戦で志田義広が敗走（1181年説もあり）	1183年	木曽義仲が入京
	藤姓足利氏滅亡		
	宇都宮朝綱が京から帰国		

年代/年(西暦)	本書関連事項	年(西暦)	国内の主な歴史
1184年	宇都宮社務職に宇都宮朝綱が任じられる	1185年	屋島、壇ノ浦の戦いで平氏滅亡
1185年	屋島の戦いで那須与一が扇の的を射落とす		諸国に守護・地頭を置く
1189年	源頼朝が奥州征伐、途中宇都宮で戦勝祈願	1189年	源頼朝が奥州征伐
1193年	源頼朝が那須野の巻き狩り	1192年	源頼朝、征夷大将軍となり、名実ともに鎌倉幕府が成立
1203年	源頼朝の弟阿野全成が謀反の疑いで下野国で処刑	1203年	北条時政鎌倉幕府執権となる
1205年	宇都宮頼綱に謀反の疑いがかけられ出家、「蓮生」となる	1205年	北条時政が出家
1221年	承久の乱に足利義氏が東海道大将軍として出陣	1219年	鎌倉幕府3代将軍源実朝暗殺
1235年	宇都宮頼綱が藤原定家から「小倉百人一首」の原型の色紙を受ける	1232年	御成敗式目制定
		1274年	文永の役
1283年	宇都宮家弘安式条が成立	1281年	弘安の役
1333年	足利尊氏が離反し鎌倉幕府滅亡	1334年	建武の中興、後醍醐天皇親政
1338年	足利尊氏、将軍に任じられる	1336年	後醍醐天皇吉野に還幸
1380年	小山義政の乱		
1416年	上杉禅秀の乱	1392年	南北朝統一
	この頃、足利学校の成立か	1419年	上杉憲実を関東管領に
1438年	永享の乱で鎌倉府滅亡		
1440年	結城合戦	1441年	嘉吉の乱で室町幕府6代将軍義教暗殺
1454年	享徳の乱	1467年	応仁の乱(1477年まで)
1586年	宇都宮国綱が宇都宮城から多気城に本拠移す	1573年	室町幕府滅ぶ
1590年	豊臣秀吉が宇都宮に入り宇都宮仕置きを行い、小山氏ら滅亡	1590年	豊臣秀吉が小田原征伐、徳川家康関東移封
		1592年	文禄の役

1597年	宇都宮国綱が改易	1597年	慶長の役
		1598年	豊臣秀吉没
1600年	徳川家康が上杉景勝征伐のため下野入り、小山評定行う	1600年	関ヶ原の戦い
1601年	奥平家昌が宇都宮藩主となる	1603年	徳川家康が江戸幕府を開く
1613年	天海が日光山の貫主となる	1615年	大阪夏の陣、豊臣氏滅ぶ
1617年	徳川家康が日光に祭られる	1616年	徳川家康没
	2代将軍徳川秀忠東照宮に社参		
1619年	本多正純が宇都宮藩主に		
1622年	本多正純が宇都宮藩主から改易される	1623年	徳川家光3代将軍に
1634年	3代将軍徳川家光により、東照宮の建て替え開始	1634年	老中、若年寄の設置
1635年	阿部忠秋が壬生藩主に	1635年	参勤交代制確立
1643年	天海が死去	1638年	島原の乱（前年10月から）
1655年	尊敬法親王に輪王寺宮号が与えられる	1651年	徳川家光没
1689年	松尾芭蕉が奥の細道の旅で下野入り	1680年	徳川綱吉5代将軍に
1692年	水戸藩2代藩主だった徳川光圀の命で侍塚古墳を発掘	1700年	日光奉行設置
1728年	8代将軍徳川吉宗が日光社参	1709年	徳川吉宗8代将軍に（享保の改革）
1788年頃	喜多川歌麿「品川の月」		
1790～92年頃	喜多川歌麿「吉原の花」		
1803～04年頃	喜多川歌麿「深川の雪」		
1805年	幕府が関東取締出役設置	1787年	松平定信老中筆頭に（寛政の改革）
1843年	12代将軍徳川家慶が最後の日光社参（将軍社参は計19回）	1841年	老中水野忠邦が政治革新（天保の改革）

主な参考文献

●自治体史・自治体発行物

『足利市史』／『宇都宮市史』／『小山市史』／『小山町史』／『久喜市史』／『佐野市史』／『下館市史』／『白河市史』／『仙台市史』／『栃木県史』
『栃木市史』／『長岡京市史』／『日光市史』／『藤岡町史』（1975年版）／『三鴨誌』／『南河内町史』／『真岡市史』／『真岡市史案内』

宇都宮市教育委員会事務局文化課編（2007）『宇都宮城のあゆみ』
宇都宮市教育委員会編（2014）『百人一首ゆかりの宇都宮頼綱とその時代』
宇都宮市教育委員会編（2018）『根古谷台遺跡 縄文時代編』（宇都宮市埋蔵文化財調査報告書100）
大田原市なす風土記の丘湯津上資料館編（2014）『那須国造碑』（図録）
大田原市なす風土記の丘湯津上資料館編（2021）『青木義脩の考古学』（図録）
小山市立博物館編（1992）『秀郷流藤原氏の系譜』（図録）
国立歴史民俗博物館編（2019）『わくわく！探検　れきはく日本の歴史1 先史・古代』
群馬県立歴史博物館編（2021）『古墳大国群馬へのあゆみ』（図録）
佐野市郷土博物館編（2007）『天明釜』（図録）
佐野市教育委員会編（2004）『越名沼周辺の原風景』（佐野市埋蔵文化財調査報告書第32集）
下野市教育委員会事務局文化財課編（2019）『東の飛鳥』随想舎
下野市立しもつけ風土記の丘資料館編（2021）『新・しもつけ風土記』随想舎
下野市教育委員会事務局文化財編（2022）『マンガふるさとの偉人　下毛野古麻呂』下野市教育委員会
栃木県教育委員会編（1986）『ふるさと栃木県のあゆみ』財団法人栃木県文化振興事業団
栃木県立しもつけ風土記の丘資料館編（2013）『摩利支天塚・琵琶塚古墳と飯塚古墳群』（図録）
栃木県立なす風土記の丘資料館編（2006）『あずまのやまみち』（図録）
栃木県立なす風土記の丘資料館編（2008）『那須の渡来文化』（図録）
栃木県立博物館編（1991）『那須与一の歴史・民俗的調査研究』
栃木県立博物館編（2021）『「皆川文書」承久の乱800周年記念　長沼氏から皆川氏へ』（栃木県立博物館調査研究報告書）
栃木県立博物館編（2023）『日光に祀られる以前の徳川家康と下野』（栃木県立博物館調査研究報告書）
栃木県立博物館編（2003）『氷河時代の狩人たち』（図録）

栃木県立博物館編（２０１１）『土偶の世界』（図録）
栃木県立博物館編（２０１２）『足利尊氏』（図録）
栃木県立博物館編（２０１７）『中世宇都宮氏』（図録）
栃木県立博物館編（２０１８）『藤原秀郷』（図録）
（公財）とちぎ未来づくり財団埋蔵文化財センター編『ふるさととちぎの考古学①～⑥』栃木県教育委員会
文化庁編（２００５）『発掘された日本列島２００５年』（図録）
壬生町立歴史民俗資料館編（２０１０）『壬生剣客伝』（図録）
南河内町教育委員会編（２００２）『ビジュアル下野薬師寺』（図録）
真岡の歴史編集委員会編（１９７８）『真岡の歴史』
茂木町教育委員会編（２０１７）『九石古宿遺跡発掘調査報告書１』（茂木町埋蔵文化財調査報告書第６集）

●栃木県の歴史関係

阿部昭・橋本澄朗・千田孝明・大嶽浩良（１９９８）『県史９　栃木県の歴史』山川出版社
植田俊夫（１９９１）『野州流派剣術の研究』
江田郁夫（２０１８）「下野小山氏の本拠」（『栃木県立博物館研究紀要―人文―』第35号）
江田郁夫編（２０２０）『中世宇都宮氏』戎光祥出版
江田郁夫・山口耕一編（２０２０）『戦乱でみるとちぎの歴史』下野新聞社
江田郁夫（２０２３）「戦国の城郭都市・宇都宮多気」（『大学的栃木ガイド』）昭和堂
大川清先生著作集刊行会編（２００９）『大川清歴史考古学選集』六一書房
川田純之（２０２０）『徘徊する浪人たち』随想舎
「古墳時代　毛野の実像」（『季刊考古学』別冊17、２０１１）雄山閣
橋本澄朗（２００１）「『勝道碑文』と日光男体山頂遺跡」（『山岳修験』第28号）
清水克行（２０１３）『人をあるく　足利尊氏と関東』吉川弘文館
眞保昌弘（２００８）『侍塚古墳と那須国造碑』（日本の遺跡25）同成社
菅原信海・田邉三郎助編（２０１１）『日光　その歴史と宗教』春秋社
『図説栃木県の歴史』（図説日本の歴史９、１９９３）河出書房新社
関根徳男（２０２２）『総集編　田沼意次と田沼家』思門出版会

『慈覚大師円仁と行くゆかりの古寺巡礼』(2012、ダイヤモンドMOOK)
高橋修(2022)「八田知家と阿野全成事件」(2022年度益子町歴史講座 講演内容)
竹末広美(2014)『下野狂歌の歌びと』随想舎
田中大喜編(2013)『下野足利氏』(シリーズ・中世関東武士の研究第9巻)戎光祥出版
「道鏡を守る会会誌」(道鏡を守る会)
栃木県考古学会編(2016)『とちぎを掘る』随想舎
登谷遺跡調査団編(2002)『登谷遺跡』
中川 博夫・田渕句美子・渡辺裕美子編(2022)『百人一首の現在』青簡舎
「―21世紀の古代ロマン『くずう原人まつり』を中心に―むらおこし20年」(2008、むらおこし実行委員会)
野口実(2016)『小山氏の成立と発展』(戎光祥中世史論集4)戎光祥出版
野口実(2019)『伝説の将軍　藤原秀郷』吉川弘文館
野中哲照(2022)『那須与一の謎を解く』武蔵野書院
塙静夫(2000)『探訪 とちぎの古墳』随想舎
土生慶子(1994)『伊達氏の源流の地』宝文堂
林慶二(2009)『如来の使として』下野新聞社
松本一夫編(2012)『下野小山氏』(シリーズ・中世関東武士の研究第6巻)戎光祥出版
松本一夫(2015)『小山氏の盛衰』(中世武士選書第27巻)戎光祥出版
峰岸純夫・江田郁夫編(2016)『足利尊氏』(戎光祥中世史論集第3巻)戎光祥出版
渡辺達也(2007)『新考証　歌麿と栃木』歌麿と栃木研究会

●栃木県外の歴史関係

荒川善夫編(2012)『下総結城氏』(シリーズ・中世関東武士の研究第8巻)戎光祥出版
市村真一(2022)『水戸藩の御三家＝結城・小山・宇都宮氏の興亡＝』富士オフセット印刷社
小川信(2001)『中世都市「府中」の展開』思文閣史学叢書
狩野亨二(1963)『江戸時代の林業思想』
川島茂裕(1992)「下毛野公時と金太郎伝説の成立」(『国立歴史民俗博物館研究報告』第45集)
海部陽介(2016)『日本人はどこから来たのか?』文藝春秋

『季刊浮世絵 50号記念』（１９７２）画文堂
工藤雄一郎（２０２１）「暦年較正曲線IntCal20と日本列島の後期旧石器時代の年代」（『旧石器研究』第17号）
京都女子大学宗教・文化研究所編（２０１３）『研究紀要』第26号
岩明均（２００１）『雪の峠・剣の舞』講談社
小林ふみ子（２０１４）『大田南畝』岩波書店
五味文彦・本郷和人編（２００８～09）『現代語訳 吾妻鏡』吉川弘文館
鷺森浩幸（２０２０）『藤原仲麻呂と道鏡』吉川弘文館
日本史史料研究会編（２０１８）『戦国僧侶列伝』星海社新書
滝川幸司（２０１９）『菅原道真』中公新書
堤隆（２０１１）『列島の考古学 旧石器時代』河出書房新社
鳥居フミ子（２０１２）『金太郎の謎』みやび出版
永積安明・上横手雅敬・桜井好朗（１９８７）『太平記の世界』ＮＨＫ出版
日本考古学協会編（２００３）『前・中期旧石器問題調査研究特別委員会総括報告』（日本考古学協会第69回総会 特別委員会総括報告）
日本考古学協会編（２００４）『前・中期旧石器問題調査研究特別委員会最終報告』
石井進（１９７４）『鎌倉幕府』（日本の歴史7）中央公論社
日本史史料研究会監修・白峰旬編著（２０２０）『関ヶ原大乱、本当の勝者』朝日新聞出版
野口実（２００７）『源氏と坂東武士』吉川弘文館
野口実（２０１３）『坂東武士団の成立と発展』（戎光祥研究叢書1）戎光祥出版
原田一敏 監修 ；ＭＩＨＯ ＭＵＳＥＵＭ 企画・編集（２０１６）『極 茶の湯釜』淡交社
菱沼一憲編（２０１５）『源範頼』（シリーズ・中世関東武士の研究第14巻）戎光祥出版
広瀬和雄編（２００７）『歴博フォーラム 弥生時代はどう変わるか』学生社
広瀬和雄（２０１３）『古墳時代像を再考する』同成社
広瀬和雄（２０１９）『前方後円墳とはなにか』中公叢書
藤尾慎一郎・松木武彦編（２０１９）『ここが変わる！日本の考古学』吉川弘文館
藤野保（１９７９）『幕政と藩政』吉川弘文館
本多隆成（２０２２）『徳川家康の決断』中公新書
吉川英治（１９９０）『私本太平記（一）』（吉川英治歴史時代文庫63）講談社

とちぎ日曜歴史館
―太古の海から歌麿まで―

2024年6月30日 発行

編者 読売新聞社宇都宮支局

発行 有限会社随想舎
〒320-0033 栃木県宇都宮市本町10-3 TSビル
TEL 028-616-6605 FAX 028-616-6607
振替 00360-0-36984
URL : https://www.zuisousha.co.jp/

印刷 モリモト印刷株式会社

装丁 栄舞工房